POKÉMON GO

POKÉMON GO

LA GUÍA NO AUTORIZADA

CARA COPPERMAN

PUCK

Argentina – Chile – Colombia – España
Estados Unidos – México – Perú – Uruguay – Venezuela

Copperman, Cara
Pokémon Go / Cara Copperman. - 1a ed. - Ciudad Autónoma de Buenos Aires: Puck, 2016.
272 p. ; 21 × 14 cm.
ISBN 978-950-788-288-3
1. Diseño de Videojuegos. I. Título.
CDD 794.8

Al editor del libro en su lengua original le gustaría dedicar esta guía a Zachary y Joshua. Como grandes lectores y jugadores, son la inspiración de este libro y mucho más.

Este libro no ha sido autorizado ni respaldado por ningún creador, productor, distribuidor o concesionario de los juegos y juguetes de Pokémon, ni por ningún creador o desarrollador de la aplicación de Pokémon GO.

Título original: *POKÉMON GO! – The Ultimate Unauthorized Guide by Cara Copperman*
Editor original: St. Martin's Griffin, NEW YORK
Traducción: Yuliss M. Priego

Aribau, 142, pral. – 08036 Barcelona
www.mundopuck.com

ISBN: 978-950-788-288-3
E-ISBN: 978-84-16715-67-1

Ediciones Urano, S.A. – Argentina
Paseo Colón 221, Piso 6, C1063ACC, Buenos Aires, Argentina
infoar@edicionesurano.com
www.edicionesuranoargentina.com

1.ª edición argentina

Producción para Argentina: Miriam Negro

Queda hecho el depósito que establece la ley 11.723

Impreso en PRINTING BOOKS S.A.
Mario Bravo 835 – (1870) Avellaneda – Buenos Aires – Argentina

Septiembre 2016

Impreso en Argentina – *Printed in Argentina*

ÍNDICE

LA GUÍA NO AUTORIZADA DEL JUGADOR DE POKÉMON GO

INTRODUCCIÓN

El verano de 2016 siempre se conocerá como el verano de Pokémon GO

El 6 de julio de 2016 empezó como cualquier otro día para la mayoría de personas en Estados Unidos, Nueva Zelanda y Australia, pero en cuestión de horas la gente dejó de mirar el móvil para responder mensajes o jugar a los juegos de siempre y caminaba con sus teléfonos en la mano y gritando emocionada. Por supuesto, hablamos del día que se lanzó Pokémon GO en tres países, y que unas semanas después dominó el mundo entero.

Algunos fans habían estado esperando impacientes el juego desde hacía meses, mientras que a otros los pilló completamente por sorpresa. En mi caso, yo estaba en plena barbacoa familiar cuando mis sobrinos llegaron desde la ciudad de Nueva York. Se disculparon por llegar tarde; habían estado atrapando Pokémon en Central Park y no pudieron parar.

Toda mi familia se enganchó al instante, y cuando sacábamos a pasear a nuestro perro por las calles de un pequeño pueblo residencial de Connecticut mientras atrapábamos Pokémon, nos emocionaba y sorprendía encontrar a otras personas jugando también. No fuimos conscientes esos primeros días de lo enorme en que se estaba convirtiendo este juego. Nos acercamos a completos desconocidos para compartir pantallazos, consejos y sitios favoritos. Bajamos la guardia los unos con los otros porque de golpe habíamos descubierto juntos algo extraordinario: una aplicación secreta que conectaba un juego virtual al mundo real.

Nunca me imaginé que pasaría mi septuagésimo noveno cumpleaños caminando por la ciudad de Nueva York con mi nieto de dieciocho años capturando Pokémon, pero fue una experiencia divertida. Me gusta la aplicación y hablar con la gente sobre el juego. Es una forma divertida de conectar con todos mis nietos. —RSC37

A la vez que subíamos de nivel, las baterías de los móviles morían y agotamos todos los megas de Internet aquel primer fin de semana; así que ajustamos nuestra forma de jugar a las limitaciones del juego. Yo terminé llevando un set de baterías externas a todos lados y amplié la tarifa de internet con dos gigas más para cerciorarme de que los cuatro miembros de nuestra familia pudieramos «hacernos con todos» cuando y donde quisieramos. Cuando ese fin de semana pasó, Pokémon GO había llamado la atención del mundo entero.

El día que el juego se lanzó en Tokio debió de ser el día en que la productividad de la ciudad se redujo a mínimos históricos. Trabajadores ataviados con trajes negros se paraban en medio de la calle para jugar, al tiempo que se aseguraban de evitar el contacto visual con otros jugadores. —DevOSM

Enseguida, todo el mundo empezó a hablar de la RA: la realidad aumentada. Algunos la odiaban y argumentaban que íbamos andando como zombis, mirando nuestros teléfonos en vez de al mundo de nuestro alrededor. Tenían parte de razón: ha habido gente que ha cruzado la calle sin fijarse en los coches, se ha caído al agua, e incluso se ha despeñado de acantilados porque iban mirando la pantalla de su móvil. ¿Pero compararnos con zombis? No tienen razón. ¿Dónde se ha visto a un zombi emocionado y entusiasmado? Mucha más gente ha aceptado el juego por completo, pero no se habla de ello en las noticias porque toda esa gente feliz andaba demasiado ocupada jugando, en vez de ponerse a escribir lo mucho que les encanta.

Cuando estuve en Londres, una semana después del lanzamiento, vi a una abuela y a su nieto jugar mientras compraban dulces y hablaban chino. Luego procedí a capturar al Gastly al cual el duo nieto-abuela estaba lanzando Poké Balls con tanta emoción. —Acop42

Durante los primeros cinco días después del lanzamiento en Estados Unidos, los jugadores ya pasaban más tiempo en Pokémon GO que en Twitter o Facebook. Los servidores de Pokémon no podían llevar el ritmo y la aplicación se colgaba continuamente, a veces en medio de una captura importante, de la eclosión de un huevo o de una batalla, que se perdían para siempre. Había días en los que los servidores no funcionaban durante horas, mientras los desarrolladores trabajaban sin cesar para mantener la demanda del juego y arreglar fallos; pero aún así consiguieron el éxito planeado y distribuyeron felicidad y Pokémon por todas las PokéParadas del mundo.

Cuando descubrí que vivía en una PokéParada, me preocupó, porque no sabía qué clase de gente o cuánta pulularía por la puerta de casa. Hasta ahora he visto a bastantes jugadores fuera, pero no se ha convertido aún en algo abrumador. —1AndPeggy

Con las semanas, los fallos se corrigieron y todos continuamos jugando. El juego se ha entrelazado con nuestra forma de vida y mucha gente hace equilibrios con la banda ancha y la vida de la batería y sigue preguntándose cómo utilizar la aplicación en la vida real. Por supuesto, eso es lo que todos nosotros intentamos hacer: No invadimos propiedades privadas, y respetamos los deseos de los locales, cuyos dueños les piden a los jugadores que utilicen la app con respeto y de acuerdo a las normas del local. Jugamos en silencio en la biblioteca. Nunca jugamos en el colegio o en iglesias, y nunca mientras conducimos o montamos en bici. Aunque de vez en cuando sí que necesitamos un recordatorio.

He seguido el juego en todo su proceso de producción desde su aparición en el E3. ¡Me lo descargué a las 4 de la madrugada el día que salió! —DroptheSammer

Lo que nos trae al propósito de este libro. Independientemente de si eres un novato, un jugador experimentado buscando llegar al siguiente nivel, o alguien entre medias, hemos logrado reunir un montón de consejos, trucos y secretos para mejorar tu habilidad en Pokémon GO y ayudarte a convertirte en un maestro Pokémon.

¡El plural de Pokémon es Pokémon!

POKÉMON GO

1

¿SALES A CAPTURAR POKÉMON?

Casi con total seguridad te has saltado la descripción de la aplicación con las prisas de descargarla y empezar a capturar Pokémon, pero después de haber jugado un tiempo, puede que te pares a pensar «¿Qué significa? ¿Y para qué es todo esto de atrapar, evolucionar y combatir?». Aquí te damos las respuestas en forma de la descripción e introducción de la aplicación. Tómate un momento para leerlas ahora… Esperaremos…

¡Venusaur, Charizard, Blastoise, Pikachu, y muchos otros Pokémon se han descubierto en el planeta Tierra!

Ahora es tu oportunidad para descubrir y capturar a los Pokémon a tu alrededor: así que ponte los zapatos, sal, y explora el mundo. Te unirás a uno de los tres equipos y combatirás por el prestigio y la propiedad de los Gimnasios con tu Pokémon a tu lado.

Los Pokémon están ahí fuera y tienes que encontrarlos. Al caminar por tu vecindario, tu smartphone vibrará cuando haya un Pokémon cerca. Apunta y lanza una Poké Ball... ¡Tendrás que estar alerta o se te puede escapar!

BUSCA POKÉMON Y OBJETOS POR TODOS LADOS

Determinados Pokémon aparecerán cerca de su entorno nativo: busca Pokémon de tipo Agua en lagos y océanos. Visita PokéParadas que se encuentean en lugares interesantes como museos, instalaciones artísticas, lugares históricos y monumentos, y abastécete de Poké Balls y objetos útiles.

CAPTURA, INCUBACIÓN, EVOLUCIÓN Y MÁS

A medida que vayas subiendo de nivel, podrás atrapar Pokémon más potentes para completar tu Pokédex. Puedes hacer crecer tu colección incubando Huevos Pokémon según las distancias que recorras. Ayuda a tu Pokémon a evolucionar capturando muchos del mismo tipo.

COMPITE EN COMBATES DE GIMNASIO Y DEFIENDE TU GIMNASIO

Al igual que tu Charmander evoluciona a Charmeleon y después a Charizard, puedes combatir con todos para obtener un Gimnasio y asignar tu Pokémon para defenderlo contra todos los invasores.

Es momento de moverse: ¡te esperan aventuras en la vida real!

Nota: esta app es gratis y está optimizada para smartphones, no para tabletas.

Como probablemente ya sabrás, el juego utiliza la Realidad Aumentada para colocar Pokémon en la vida real. Puedes correr en el mundo real, hacer ejercicio, pasar tiempo con amigos, explorar nuevos lugares, conocer tu barrio y convertirte en un Entrenador Pokémon: un sueño hecho realidad para los fans de Pokémon de todo el mundo.

Al tiempo que recorres el mundo real, pasas junto a PokéParadas y Gimnasios y te tropiezas con Pokémon que hay cerca esperando a que los capturen. Lanza una Poké Ball y atrapa a ese Pokémon salvaje y lleva tus habilidades de combate al siguiente nivel: un sueño hecho realidad para niños que crecieron con Pokémon o para cualquiera que quiera desdibujar la línea entre la fantasía y la realidad.

Una vez hayas capturado a tu Pokémon, puedes ayudarlo a evolucionar, a entrenarlo, y en cuanto hayas llegado al nivel 5, puedes ponerlo a prueba en Combates de Gimnasio para defender el tuyo o para conquistar otros nuevos. Mientras el Pokémon se vuelve más fuerte, tu subes de nivel como Entrenador. Empiezas en el nivel 1, y con duro esfuerzo, dedicación y horas de juego, puedes progresar hasta el nivel 40.

5

Top cinco razones por las que todo el mundo ♥ Pokémon GO

1 No es solo Pokémon, es Pokémon ELVR: ¡En La Vida Real!

2 Tienes que salir y explorar los alrededores para jugar.

3 Para atrapar y eclosionar Huevos hay que hacer ejercicio de verdad

4 Es social. Puedes conectar con gente y superar la ansiedad social, la depresión o la timidez.

5 Tecnológicamente hablando, es la primera aplicación aceptada de forma global que usa la realidad aumentada, que fusiona un juego virtual con la vida real. En un futuro, los libros de historia citarán esta como la aplicación que dio comienzo a esa tendencia.

5 Top cinco razones por las que se critica a Pokémon GO

1. Es un juego individual, aunque haya centenares de jugadores a tu alrededor, al final todo depende de ti y del Pokémon en tu pantalla.

2. La aplicación requiere la atención total de tu ***teléfono***. No funciona en un segundo plano y usa los procesadores más importantes de tu teléfono.

3. El juego requiere ***tu*** total atención también. Aunque lo pongas en modo ahorro de batería, tienes que estar alerta para no perderte PokéParadas o Gimnasios cercanos.

4. Quedar con desconocidos y seguir cebos puede provocar situaciones peligrosas para los jugadores.

5. Para jugar necesitas moverte ***y*** mirar el móvil. Hacer ambas cosas a la vez, puede ser causa de andar, conducir, montar en bici o en skate, o movernos en general, de forma distraída.

¿Quién creó Pokémon GO?

Pokémon GO es el resultado del esfuerzo de tres empresas: The Pokémon Company, Nintendo y Niantic, Inc. Niantic, la empresa de la que probablemente nunca oíste hablar antes de julio de 2016, se fundó en realidad en 2000 como empresa novel de Google. La empresa creó el juego de realidad aumentada Ingress, cuyo esquema básico es muy similar al de Pokémon GO: para moverse en el juego, te tienes que mover en la vida real.

TRASFONDO

Ingress: El mundo de tu alrededor no es lo que parece.

¿Qué es? Versión corta: El juego que aporta la programación básica que hace funcionar Pokémon GO.

La historia completa: Niantic lanzó este juego de realidad aumentada, multijugador y basado en la localización online de sus usuarios en 2013 (android), 2014 (iOS). A través de una historia de ciencia ficción, los equipos siguen coordenadas y luchan para capturar portales y lugares en la vida real (como monumentos o sitios emblemáticos). Cuando un equipo se hace con un portal, se conecta con otros para crear un área de control. Es muy popular entre sus fans, aunque la mayoría de los humanos nunca había oído hablar de él antes del lanzamiento de Pokémon GO.

Me encanta cómo saca a la gente a la calle y cómo afecta a diferentes generaciones. Todo el mundo, desde mi abuela hasta niños de cinco años, anda corriendo y lanzando Poké Balls. —Acop42

Aunque las acciones de Nintendo han estado muy activas desde el lanzamiento, realmente es Niantic, el desarrollador, el que ha hecho la mayor parte del trabajo y el que está recogiendo la mayor parte de las ganancias. Los personajes de Pokémon han traído una audiencia completamente nueva al mundo de los juegos de la Realidad Aumentada, y la marca Pokémon, como resultado, está ganando incluso más fans aún.

Lo que significa para ti: Los portales de Ingress son los que Pokémon GO usa como PokéParadas. Cuando se lanzó Ingress, invitaron a los usuarios a enviar localizaciones que pudieran ser buenos portales para el juego. Un equipo de Niantic revisaba las opciones y las activaban en el juego. Eso explica por qué hay más portales en lugares públicos y por qué están más concentrados en grandes ciudades.

«Los Portales suelen representarse en forma de obras de arte públicas, como estatuas y monumentos, obras arquitectónicas únicas, murales exteriores, edificios históricos y empresas locales singulares. Los Portales son lugares en los que se expresan la inventiva y la creatividad humanas, y en los que emanan fenómenos energéticos inexplicables.» —Sacado de la página web de Ingress*.

* https://support.ingress.com/hc/es-us/articles/207441797-Findings-Portals.

5 Cinco formas de ganar en Pokémon GO

1. Acumula PX (Puntos de Experiencia).

2. Llega al nivel 40.

3. Consigue las 28 insignias de oro.

4. Consigue el máximo PC (Puntos de Combate) para todos tus Pokémon.

5. Conquista todos los Gimnasios de tu zona para tu equipo.

Insignias y logros

Atrapar todos los Pokémon, completar la Pokédex, crear la máxima evolución para cada Pokémon y acumular victorias en combate son logros en sí mismos, pero el juego también te deja coleccionarlos, y te concede insignias de bronce, plata y oro cada vez que los consigues.

Insignia	Descripción	Bronce	Plata	Oro
Corredor	Caminar una distancia específica	10 km	100 km	1.000 km
Kanto	Registrar Pokémon en la Pokédex	5	50	100
PokéColector	Número de Pokémon capturados	30	500	2.000
Científico	Número de Pokémon evolucionados	3	20	200
CriaPokémon	Número de Huevos eclosionados	10	100	500
Mochilero	Visitas a PokéParadas	100	1.000	2.000
Luchadora	Victorias en Combates de Gimnasio	10	100	1.000
Entre. Guay	Veces entrenados en Gimnasios	10	100	1.000
Escolar	Pokémon de tipo Normal atrapados	10	50	200
Karateka	Pokémon de tipo Lucha atrapados	10	50	200
Ornitólogo	Pokémon de tipo Volador atrapados	10	50	200
Chica mala	Pokémon de tipo Veneno atrapados	10	50	200
Ruinamaníaco	Pokémon de tipo Tierra atrapados	10	50	200
Montañero	Pokémon de tipo Roca atrapados	10	50	200
Cazabichos	Pokémon de tipo Bicho atrapados	10	50	200
Bruja	Pokémon de tipo Fantasma atrapados	10	50	200
Prendefuegos	Pokémon de tipo Fuego atrapados	10	50	200
Ferroviario	Pokémon de tipo Acero atrapados	10	50	200
Nadador	Pokémon de tipo Agua atrapados	10	50	200
Jardinero	Pokémon de tipo Planta atrapados	10	50	200
Rockero	Pokémon de tipo Eléctrico atrapados	10	50	200
Médium	Pokémon de tipo Psíquico atrapados	10	50	200
Domadragón	Pokémon de tipo Dragón atrapados	10	50	200
Niña soñadora	Pokémon de tipo Hada atrapados	10	50	200
Joven	Atrapar Rattatas XS	3	50	300
Pescador	Atrapar Magikarps grandes	3	50	300
Fan de Pikachu	Atrapar Pikachus	3	50	300

¿sabías...

Que todo el mundo atrapa los mismos Pokémon si están en el mismo sitio, y cuantos más jugadores haya en un lugar, más oportunidad hay de capturar un Pokémon raro? Jugar a Pokémon GO es una forma genial de juntar gente para cooperar, ya que los jugadores no compiten por unos recursos escasos. En niveles más altos, los jugadores escogen equipo, entrenan a sus Pokémon y conquistan Gimnasios si están interesados en la competición; pero si no están centrados en ello, ¡hay otros muchos aspectos del juego en los que fijarse!

Test: ¿Qué tipo de jugador eres?

Elige la opción que mejor te describa:

Acechador: Juego para ver de qué va todo. Me gusta ver dónde están las PokéParadas y los Gimnasios, mirar qué equipo se queda con los Gimnasios de mi barrio y ver qué Pokémon hay cerca.

Capturador social: Juego cuando estoy con mis amigos. Visitamos PokéParadas para coger provisiones y atrapar lo que sea que nos encontremos.

Coleccionista: Juego para completar mi Pokédex. No solo atrapo Pokémon, los evoluciono y les subo al máximo sus PC para hacerme con todos los Pokémon más poderosos.

Buscador de logros: Juego para conseguir los logros. Hago lo que sea para ganar las insignias de oro en cada categoría.

Competidor: Me moría de ganas de llegar al nivel 5 para poder empezar a conquistar Gimnasios para mi equipo y defenderlos.

Señor de la guerra: Mi propósito es conquistar y mantener todos los Gimnasios posibles de mi zona. Si veo decaer el prestigio de un Gimnasio, mando a mis Pokémon más poderosos para que lo defiendan y protejan de los invasores.

Jugador en equipo: Tengo un espíritu de equipo brutal. Apoyo a mis compañeros de equipo en los Gimnasios y en la vida real para que mi equipo siga siendo fuerte.

¿Te gusta la música de fondo? La compuso Junichi Masuda, que también fue compositor de toda la música de los videjuegos de Pokémon que inspiraron Pokémon GO.

POKÉMON GO: EL JUEGO QUE AGOTA A TU TELÉFONO

La batería de tu móvil y los datos de tu tarifa de internet se agotan muy rápidamente por una razón. Pokémon GO se aprovecha de todas las características de tu smartphone a la vez.

***GPS:* el juego localiza y actualiza tu localización constantemente usando Google Maps**

***Procesador gráfico:* las imágenes que ves en la pantalla están creadas al vuelo, lo que significa que la información se envía al procesador gráfico de tu teléfono y luego este crea la imagen. Las imágenes se actualizan constantemente mientras andas, lo cual hace que se agote el «cerebro» de tu móvil.**

***Cámara:* La cámara es lo que le da al juego su mejor característica de Realidad Aumentada, que coloca la imagen de los Pokémon en un marco real. También puedes utilizar la cámara para echar una foto al Pokémon antes de combatir.**

***Brillo:* Como el juego se usa en su mayor parte en exteriores, el brillo normalmente necesita estar al máximo para que podamos ver los Pokémon claramente a la luz del sol.**

***Sonido:* La música y los efectos especiales reproducen constantemente sonidos de los Pokémon de fondo, lo cual te proporciona tu propia banda sonora personal mientras caminas por el mundo real en busca de Pokémon.**

Reglas básicas antes de empezar a jugar

1

Camina con la cabeza alta y el móvil bajo

Ten cuidado con paredes, coches, trenes, gente, y otras cosas con las que te puedas tropezar. Tu dispositivo vibrará cuando te acerques a algo que tengas que atrapar, ¡así que no es necesario que vayas caminando con el teléfono en las narices! Llevar auriculares te permitirá no solo oír la música de fondo, sino también mantener la vista en la calle y al mismo tiempo estar alerta por si aparece un Pokémon salvaje cerca.

2

No entres en propiedades privadas

Los Términos y Condiciones* del usuario de Pokémon GO prohíben explícitamente que los jugadores penetren en propiedades privadas sin permiso, dándoles un pretexto. Y en cuanto a los Pokémon salvajes que aparecen en medio de la calle, puedes atraparlos igual de fácil desde la seguridad de la acera. Recuerda: en el juego de piedra-papel-tijeras de la vida, ¡las reglas de la vida real ganan siempre a las de los juegos!

* https://www.nianticlabs.com/terms/pokemongo/es

3

Controla tu batería

Como cualquiera que haya jugado sabe, jugar a Pokémon GO agota muy rápido la batería del teléfono. Y no es ninguna sorpresa. La aplicación hace uso del GPS, del procesador gráfico, de la cobertura, de la cámara y del brillo total de la pantalla para que puedas hacerte con todos en plena luz del día. Pero también hay unos cuantos trucos para evitar que muera demasiado rápido.Usa el modo ahorro de batería en los ajustes de la aplicación Pokémon GO.

«Cuando lo activas, si giras el teléfono hacia abajo, la pantalla se vuelve negra y te sigue cuantificando los pasos en los Huevos incubados, y vibra cuando te acercas a un Pokémon salvaje. Además, suelo llevar una batería de recambio o el cargador encima cuando viajo.» —DroptheSammer

4

Consejos para ahorrar batería

Activa el modo ahorro de batería para que la pantalla se apague cuando se rota el teléfono 180º, de manera que la parte superior del teléfono está de cara al suelo y el botón de Menú, de cara al techo. Poner el teléfono bocabajo no activa el modo ahorro de batería.

Pon tu teléfono en Modo Ahorro de Batería. En un iPhone, ve a Ajustes>Batería y activa Modo de Bajo

Consumo para apagar temporalmente procesos en segundo plano, como otras aplicaciones activas en un segundo plano o actualizaciones automáticas.

Baja el brillo de tu pantalla.

Baja el volumen de tu teléfono.

Apaga la RA (Realidad Aumentada). Esta usa la cámara de tu teléfono para mostrarte los Pokémon que atrapas en un escenario real. Para desactivar la RA, pincha en un Pokémon y luego desliza la barra de RA en la esquina superior derecha hacia *off*. Te perderás ver a Eevee sobre la cabeza de tu perro, pero ganarás tiempo de juego.

Desactiva todas las actualizaciones en segundo plano en los ajustes de las aplicaciones como Facebook, Twitter o cualquier otra red social, Email, otros juegos, noticias, y cualquier cosa que tu teléfono actualice cuando no estés prestando atención.

Ve al menú de Pokémon GO, haz clic en ajustes y desactiva la música, los sonidos y la vibración.

5 Controla los datos de Internet

Según wireslesshack.org*, cuando se lanzó la aplicación, usaba 30MB por cada tres o cuatro horas de juego si no estabas conectado a WiFi. Si juegas una hora al día, consumes 1GB de datos en unos tres días.

* http://www.wirelesshack.org/wifi-or-cell-plan-data-usage-and-pokemon-go.html

Si no tienes una tarifa de datos ilimitada, restringe el juego únicamente a zonas con WiFi todo lo posible.

Consejo de ahorro: Si estás jugando en grupo, apagad la aplicación en todos menos en uno de los teléfonos. Cuando estés cerca de un Pokémon, Gimnasio, o PokéParada, ¡alerta a tus compañeros para que abran su aplicación y puedan conseguir las recompensas!

2

PREPARADOS, LISTOS... ¡POKÉMON GO!

CÓMO DESCARGAR, CONFIGURAR Y EMPEZAR A CAPTURAR

Desde el lanzamiento del juego, solo está disponible para jugar en iPhones y en dispositivos Android. Descárgala en iTunes o en Google Play gratis y empieza a jugar.

ADVERTENCIA: No descargues aplicaciones o programas que dicen hacer funcionar Pokémon GO en tabletas u otros dispositivos. Podrían contener virus, malware o glitches peligrosos para tu teléfono y que podrían robar tu información personal.

Regístrate con una cuenta de Google o Gmail. ¿No tienes una? Créatela gratis. Si eres un verdadero fan de Pokémon o quieres una cuenta únicamente para el juego, puedes registrarte en el Club de Entrenadores Pokémon para iniciar sesión.

¿Tienes problemas para hacerlo? Asegúrate de estar conectado a Internet por WiFi o por los datos de tu teléfono. La aplicación requiere que tu móvil esté conectado a Internet mientras la usas, incluso en modo de bajo consumo. Si tu conexión es buena, el problema probablemente no sea de tu teléfono. Gente de todo el mundo ha pillado la fiebre de Pokémon GO y basta con una pequeña fracción de jugadores, todos online al mismo tiempo, para saturar los servidores. Si tus ajustes están bien, ¡sigue intentándolo!

Recuerda el email y la contraseña con la que te has registrado. No cuentes con que el juego inicie sesión automáticamente cada vez que abras la aplicación. También te hará falta recordarlos para poder iniciar sesión desde el teléfono de un amigo si se te olvida el tuyo o si te quedas sin batería.

Cuando inicias sesión, el Profesor Willow te dará la bienvenida y te enseñará la información básica que necesites para empezar.

Bio: Profesor Willow

Profesor Willow, profesor Pokémon de la región Kenjo, especializado en los hábitos Pokémon. Te invita a ayudarlo con su investigación viajando por el mundo, coleccionando, entrenando y poniendo a prueba a los Pokémon. Ávido por saber más sobre las familias de Pokémon y la evolución, te dará encantado un Caramelo si te ofreces a transferirle o mandarle un Pokémon.

Sus tres asistentes de investigación lideran los tres equipos de Pokémon GO. Cada asistente tiene un propósito distinto: Spark, líder del Equipo Instinto, piensa que el carácter de los Pokémon proviene de la incubación y la naturaleza; Blanche, líder del Equipo Sabiduría, investiga la evolución y cree que el análisis calculador y frío es el secreto del éxito de cualquier Pokémon; Candela, la líder del Equipo Valor, cree que el entrenamiento, la dedicación y la determinación pueden convertir a cualquier Pokémon en ganador. ¿Qué asistente es el adecuado para ti? Piénsalo bien mientras juegas y subes de nivel… ¡Cuando llegues al 5, tendrás que unirte al equipo de uno de los asistentes del profesor!

¿Será el Equipo Instinto, el Equipo Sabiduría o el Equipo Valor?

Elige el nombre de entrenador perfecto

Quizá seas una de esas personas afortunadas que tiene un nombre único que no ha usado nadie, pero lo normal es que tu primera, segunda y tercera opción ya se hayan escogido a estas alturas. Para dar con tu nombre perfecto y único de entrenador, combina dos de los siguientes puntos:

1. Tu color favorito
2. Tu Pokémon favorito
3. Tu entrenador favorito
4. Tu comida favorita
5. Tu personaje favorito de un libro, película o serie de televisión

Decidí registrarme con el nombre de Godefridus, que también uso en otro juego para móviles llamado Summoners Wars. Elegí el nombre porque significa que tengo una mente versátil, despierta y analítica, pero desafortunadamente no soy capaz de mantener el interés en nada durante mucho tiempo, porque no tengo la paciencia ni el sentido práctico necesarios para el trabajo sistemático, ni presto la atención suficiente a los detalles. —Godefridus

Crea tu avatar

Cuando el Profesor Willow te dice que elijas un estilo para tu aventura, serás capaz de personalizar tu avatar de entrenador. En cuanto estés contento con el resultado, ¡ya estás listo para empezar!

¿No te convence tu imagen? Cambia tu avatar cuando quieras haciendo clic en el botón de tu avatar de la esquina inferior derecha, luego selecciona las tres líneas en la esquina inferior derecha y pincha Personalizar para modificar la ropa y el género del avatar.

Solo podrás cambiarte el nombre de entrenador una vez si no te gusta, ¡así que asegúrate de que te identificas realmente con él antes de confirmarlo!

Para completos principiantes

Cuando por fin hayas iniciado sesión, en tu pantalla aparecerá lo siguiente:

Perfil: El botón en la esquina inferior izquierda de la pantalla muestra tu avatar, el nombre de entrenador, el nivel y lo que te queda para subir de nivel. Haz clic en él para abrir tu perfil.

Menú: Haz clic en la Poké Ball para abrir la pantalla de ajustes.

Entrenador: El avatar que has creado.

Cerca: Hasta tres Pokémon cerca. Haz clic en él para ver la lista completa de Pokémon que andan por los alrededores.

Mientras te mueves, aparecerán Gimnasios y PokéParadas

Gimnasio: Donde los equipos entrenan y combaten.

PokéParada: Donde puedes abastecerte de Poké Balls, Pociones y Huevos.

Lo que ves cuando haces clic en tu perfil

1 Avatar

2 Nombre

3 Nivel

4 PX necesarios para subir de nivel

5 Número de PokéMonedas que tienes

6 En qué equipo estás una vez lo hayas elegido

7 Una lista de las insignias y logros que puedes empezar a coleccionar cuando andas, eclosionas, atrapas y entrenas Pokémon. La lista crece según vayas ganando más experiencia y es posible obtener insignias de bronce, plata u oro.

8 Un botón para tu diario, que resume tu experiencia como Entrenador.

La herramienta espía del Entrenador Pokémon

El botón para el diario es una herramienta útil para los padres que quieran controlar el tiempo que sus hijos pasan jugando en la aplicación y para que puedan ver cuándo juegan. La información del diario no se puede hackear, así que los niños deberían saber si están entrenando Pokémon cuando deberían estar en el colegio o haciendo deberes. El diario no va a mentir por ti.

Lo que ves cuando haces clic en Menú

1. Los ajustes del juego, donde puedes desactivar o activar el sonido, la vibración y el modo ahorro de la batería. También puedes acceder a una guía básica, obtener ayuda e informar de fallos que haya en el juego.

2. «Consejos» del Profesor Willow para repasar los detalles básicos del juego.

3. La pokédex trae una matriz de números con imágenes de los Pokémon con los que ya has combatido y que ya has atrapado.

4. VisitVisita la tienda para gastar PokéMonedas y usar tus Bonus de Defensor.

   Gana un Bonus de Defensor defendiendo un Gimnasio durante veinte horas. Colecciona los bonus de la tienda para ganar 10 PokéMonedas y 500 Polvoestelares por cada Pokémon que tengas defendiendo un Gimnasio. Puedes tener hasta 10 Pokémon defendiendo

Gimnasios a la vez. El icono de un escudo aparecerá en la esquina superior derecha de la tienda si tienes un Bonus de Defensor en activo. ¡Pulsa el icono para recoger los bonus cuando sea hora!

Puedes comprar PokéMonedas con dinero real, pero con un juego estratégico, nunca te hará falta gastar dinero en Poké Balls, cebos, o cualquier otro objeto que puedas ganar con trabajo duro y determinación.

5

Pokémon te permite ver los Pokémon que has atrapado. Puedes ordenarlos de diferente forma usando el botón de la esquina inferior derecha.

Haz clic en un Pokémon para ver su biografía completa.

Haz clic en la pestaña de Huevos para ver los Huevos que has recogido y cuánto necesitas andar, correr, ir en bici, patinar, o moverte con la aplicación abierta para eclosionar cada huevo.

6

El icono de los objetos te lleva hasta una lista de los objetos disponibles que puedes usar, como el Incienso, cebos, Poké Balls, la cámara y más.

¡Enhorabuena! ¡Has encontrado una PokéParada!

Todas las PokéParadas tienen un cubo azul flotando encima. Cuando estás junto a una PokéParada, haz clic en ella para abrirla. Si estás lo bastante cerca, gira la imagen circular para hacerte con las provisiones. Explota o desliza las burbujas que aparecen o haz clic en la X para recoger los ítems y añadirlos a tu inventario. En cuanto reclamas los objetos disponibles, la PokéParada se volverá morada durante cinco minutos, así que tendrás que esperar hasta poder visitarla de nuevo y hacerte con un nuevo botín.

No invadas espacios privados

No te olvides de no entrar en edificios privados, jardines y otros espacios. Respetar las propiedades privadas no es solamente educado, es lo más seguro. Los propietarios no siempre saben que estás invadiendo su espacio para jugar a un juego y podrían confundirte con un intruso con malas intenciones.

Visita Gimnasios

Una vez hayas alcanzado el nivel 5, puedes elegir un equipo. Usa los Gimnasios para entrenar a tus Pokémon y hacerlos más fuertes; defiéndelos y otórgale Puntos de Prestigio a tu equipo; o haz clic en un gimnasio liderado por un equipo rival para intentar conquistarlo para tu equipo.

¿No has alcanzado el nivel 5 todavía? Busca los Gimnasios cercanos a tu casa y mira qué equipo los controla fijándote en el color de la señal sobre él. A lo mejor te encuentras con que un equipo domina una ciudad, mientras que otro necesita refuerzos. Tenlo presente cuando te llegue la hora de elegir un equipo. ¿Cuál elegirás, el que los controla o el que lleva las de perder?

Consejos para solucionar problemas

¿NO PUEDES INICIAR SESIÓN? ¿NO ENCUENTRAS NINGÚN POKÉMON?

- Cierra la aplicación y vuelve a entrar.
- ¿Estás conectado a través de WiFi o de los datos del teléfono? En los ajustes de tu teléfono, activa los datos para permanecer conectado.
- Abre el menú principal en la aplicación, haz clic en Ajustes y cierra sesión, luego vuelve a escribir tu nombre de usuario y contraseña e inicia sesión.
- Cierra todas las otras aplicaciones para reducir la carga en los procesadores de tu teléfono.
- Los servidores de Pokémon GO podrían no estar disponibles. Espera un rato e inténtalo de nuevo o busca en tu navegador «Pokémon GO caído» para dar con una página web que monitorice la actividad de los servidores.

¿NO SE TE CARGA EL MAPA? ¿UBICACIÓN DE GPS NO DISPONIBLE? PRUEBA ESTO

- Asegúrate de que tengas el WiFi encendido, aunque no estés en una zona WiFi.
- Asegúrate de que los ajustes del GPS y ubicación están activados.
- Descárgate la aplicación Google Maps y déjala abierta en un segundo plano.
- Desactiva las ubicaciones falsas en Android. Esto es complicado de encontrar, y acceder a él depende de cada teléfono. Una búsqueda en Internet o una llamada al soporte técnico te guiará en el proceso.
- Resetea los ajustes de red en el iPhone.
- Reinicia tu teléfono.
- Elimina la aplicación y luego vuélvela a instalar e iniciar sesión. No perderás los datos de tu progreso.

Pokémon GO: Los cebos atraen Pokémon y personas de todas las edades

Soy el líder juvenil de una iglesia de Scotch Plains, así que intento mantenerme al día con las tendencias. Esta parecía divertida, así que decidí probarla. Ahora juego en mi tiempo libre, una hora o así cada día. Me encanta estar sentado en mi oficina en la iglesia, darme cuenta de que alguien ha puesto un cebo en las PokéParadas que se encuentran en nuestras instalaciones, salir y pasar tiempo con amigos al tiempo que esperamos a que más Pokémon aparezcan y hablamos del juego, o simplemente nos conocemos mejor. Una de mis partes favoritas del juego es que reúne a gente; gente que vive en la misma ciudad, pero que puede que no hayan hablado nunca. El miércoles pasado invité a unos amigos a pasar tiempo en el césped que hay frente al edificio parroquial, con cosas para picar y agua fría, y puse un cebo en dos PokéParadas que hay cerca. Los servidores no cooperaron, y aunque me quedé sin el primer set de cebos, todos nos vimos fuera del juego, incapaces de volver a entrar. Pero aun así tuvimos gente de todas las edades (parejas adultas, padres y niños) que vinieron, hablaron y buscaron juegos alternativos en el jardín durante toda la hora. —Wcpedorc

3

HAZTE CON TODOS

Elige a tu Pokémon inicial

Al igual que en los juegos de Game Boy, empiezas con la elección de uno de los tres Pokémon de la región de Kanto: Charmander, Squirtle y Bulbasaur. Tras la introducción del Profesor Willow, este te ofrece una elección. Haz clic en el que elijas como tu Pokémon inicial y atrápalo con una Poké Ball.

Si eres un fan de los juegos anteriores, recordarás que la elección del Pokémon inicial es bastante importante. En Pokémon GO eso no es así. Y aquí te explicamos por qué: en el juego clásico, necesitas el mejor Pokémon para empezar la evolución bien. En Pokémon GO hay que atrapar muchos de cada uno para poder conseguir Caramelos suficientes para evolucionarlos o darles más poder. Los Caramelos son la moneda que estás buscando, y los conseguirás atrapando muchos Pokémon, sean cuales sean.

Pikachu, ¡te elijo a ti!

Bien, es cierto que no importa realmente qué Pokémon elijas cuando empieces, pero la emoción de empezar con Pikachu es demasiado grande para dejarla pasar. Si no has elegido ya tu Pokémon inicial (o si lo deseas tanto que estás dispuesto a empezar de cero y registrarte como un nuevo usuario), así es cómo se consigue a Pikachu el primero de todos:

Después de que el Profesor Willow te enseñe a atrapar Pokémon, te invitará a abrir el mapa de tu alrededor y a empezar a atrapar Pokémon. Los tres Pokémon iniciales aparecerán, pero no caigas en la tentación de atraparlos. Simplemente, aléjate. (No te preocupes, no se ofenderán). El trío te seguirá y reaparecerá frente a ti, ¡pero no hagas clic todavía! Sigue andando. Estate preparado para caminar por lo menos 1000 pasos antes de que Pikachu aparezca. Ignora a los tres iniciales cinco veces seguidas y te traerán a un amigo... ¡Pikachu! Ahora es cuando será más fácil de atrapar (al menos sin chantajearlo con Bayas Frambu), ¡así que lanza tu Poké Ball y comienza el juego con Pikachu!

Consejos para capturar

Si estás intentando capturar un Pokémon de nivel alto con Poké Balls regulares, es bastante probable que se te escape. Aunque realices un lanzamiento perfecto y la Poké Ball golpee justo en el centro del círculo, el Pokémon seguirá escapándose (***qué*** frustante). Si lo intentas demasiado, el Pokémon puede aburrirse y salir huyendo.*

El combate

Lanza una Poké Ball para atrapar un Pokémon y ser capaz de entrenarlo y de usarlo en combates.

Algunos Pokémon son fáciles de capturar, mientras que otros saltan, se mueven, golpean y se burlan de ti para intentar evitar que los atrapes.

Cuando te encuentres un Pokémon salvaje, haz clic en él para acercarte. Coloca tu dedo sobre la Poké Ball, mantenla pulsada hasta que el aro de color empiece a encogerse y luego lánzala hacia el Pokémon para capturarlo. Puede que te equivoques las primeras veces, pero apunta bien y con algo de práctica, ¡te convertirás en un maestro!

* www.bustle.com/articles/172569-how-to-keep-a-pokemon-in-the-pokeball-in-pokemon.go

Nociones básicas para capturar

Siempre y cuando lances la Poké Ball dentro del círculo, tendrás bastante probabilidad de atrapar el Pokémon. Los diferentes colores en los aros te indican el nivel de PC del Pokémon. Por ejemplo, según lo poderoso y difícil que será de atrapar, lo encontramos verde, luego amarillo, y rojo. Apunta a la cabeza del Pokémon para asegurarte una buena captura, y fíjate en el tamaño del aro para intentar ganar puntos extra por buen lanzamiento.

Cuando estás intentando atrapar un Pokémon volador, asegúrate de apuntar a su cabeza, no a sus alas.
—TennisBrandon

¡Di patata!

Captura el momento en el que te cruzaste con un Pokémon salvaje con un pantallazo que puedes guardar y compartir con tus amigos. Si ves un Eevee sobre una madalena en la panadería, o has atisbado a Pikachu y necesitas enseñárselo al instante a tus amigos por Snapchat, tómale una foto que te sirva como prueba visual de todo lo que veas.

ECHA FOTOS A POKÉMON SALVAJES

1. Haz clic en el Pokémon para atraerlo a tu cámara.
2. Selecciona la cámara de tu mochila.
3. Pulsa el botón para tomar la foto.
4. Aparecerá junto a tus fotos en el teléfono.

Conviértete en el mejor entrenador con buenos lanzamientos

Recibes 100PX cada vez que atrapas un Pokémon, y más PX extra si realizas buenos lanzamientos.

Un buen lanzamiento puede ayudarte a capturar un Pokémon y reduce el riesgo de que se escape una vez le has golpeado con la Poké Ball.

Hay cuatro tipos de buenos lanzamientos:

1. BIEN: 10PX. Golpea el aro cuando está más grande.
2. GENIAL: 50PX. Golpea el aro en su tamaño medio.
3. EXCELENTE: 100PX. Golpea el aro cuando está más pequeño.
4. BOLA CURVA: 10PX. Sostén la bola con el dedo y dale vueltas hasta que vibre, luego lánzala hacia el aro. Piensa que el recorrido que tienes que dibujar en tu teléfono es una J. Lleva práctica y habilidad, pero en cuanto lo hayas dominado, tendrás más oportunidad de atrapar Pokémon con el aro rojo.

Para aumentar la probabilidad de capturas, selecciona las Bayas Frambu (después del nivel 8), Super Balls (después del nivel 11) y las Ultra Balls. Cuando estés enfrentándote a un Pokémon raro, pincha en la mochila

en la esquina inferior derecha de tu pantalla y ve bajando por la lista de objetos hasta ver el que quieres. Una vez lo selecciones, aparecerá en la parte inferior y central de la pantalla, donde se encontraba la Poké Ball.

Cómo domar a un Pokémon

¿Tienes problemas para atrapar un Pokémon cuando has pasado el nivel 8? Visita unas cuantas PokéParadas para tener oportunidad de recoger Bayas Frambu. La próxima vez que un Pokémon te plante cara, haz clic en el Pokémon para enfrentarte a él, luego abre la mochila y selecciona una Baya Frambu. La Baya Frambu aparecerá en el lugar de tu Poké Ball. Pulsa en ella para lanzársela al Pokémon. No te preocupes, no se puede fallar. A los Pokémon les encantan esas chucherías. Un bocado de una Baya Frambu y el Pokémon perderá parte de su espíritu de lucha. Una Baya no te ayudará a atrapar el Pokémon, eso conlleva práctica, pero te ayudará a que permanezca en la Poké Ball cuando se la hayas lanzado.

Al nivel 12, también empezarás a recibir Super Balls, y las Ultra Balls aparecerán en cuanto sobrepases el nivel 20. Estas mejoran tu habilidad para capturar y hacerte con los Pokémon más raros y son vitales en el juego cuando llegues a ese nivel. Si has jugado a otros juegos de Pokémon antes, reconocerás las Poké Balls mejoradas de los primeros juegos clásicos, Rojo, Azul y Amarillo. Lánzalas como Poké Balls normales, pero con la ventaja de tener más índice de éxito y poder en combates con Pokémon raros y con PC altos.

Al pasar el nivel 9, empezarás a ver los Huevos Suerte. Usarlos no mejorará tu habilidad para capturar Pokémon, pero doblará los PX que ganes en cualquier tarea que completes durante los siguientes treinta minutos.

Mi consejo para atrapar Pokémon difíciles es dar dentro del círculo blanco. Cuando veas que están a punto de moverse o de enfadarse, no lances la Poké Ball hasta que hayan parado. No puedes atraparlos cuando están moviéndose o burlándose de ti, aunque realices un lanzamiento perfecto. —TennisBrandon

Cuando atrapas un Pokémon, un rectángulo aparece en la parte inferior de la pantalla y coloca al Pokémon en su sombra en la Pokédex. Cada Pokémon está rodeado de Pokémon del mismo tipo. La sombra se completa con la imagen del Pokémon cuando lo atrapas por primera vez.

consejo: Cargando

El simbolito blanco de CARGANDO similar a una Poké Ball que gira en la esquina superior izquierda de la pantalla te indica que el juego se está conectando al servidor. Cualquier intento de lanzar una Poké Ball para atrapar a un Pokémon mientras el símbolo está girando podría resultar en que la aplicación se quede congelada y pierdas el Pokémon aunque lo hayas capturado. Espera hasta que el símbolo de CARGANDO desaparezca para enfrentarte a un Pokémon en combate.

Los consejos de Sam sobre las Bayas Frambu

- Guarda las Bayas Frambu para los Pokémon con aros naranja, amarillo o rojo, ya que son más difíciles de atrapar.
- No gastes las Bayas Frambu en cuanto las consigas. Nunca sabes cuándo te vas a encontrar con un duro oponente ni cuándo te hará falta una.
- Si no quieres gastar dinero (y no es nada necesario), quédate junto a una PokéParada para recuperar provisiones. Se actualizan a los pocos minutos y te dan entre tres y nueve ítems importantes, incluidas las Bayas Frambu, cada vez.
- Sal a pasear en bicicleta y encuentra todas las PokéParadas que haya cerca de ti. Una hora de ejercicio puede ayudarte a conseguir un centenar de objetos y a eclosionar Huevos también.
- Si domas a un Pokémon con una Baya Frambu, solo dura para una ronda de combate. Si el Pokémon se sale de la Poké Ball o fallas, tendrás que lanzarle otra Baya Frambu.

¿Y si quiero ponerle a mi Pokémon el nombre de mi gato o de mi profesor de gimnasia?

Una vez hayas atrapado un Pokémon y quede registrado en la Pokédex, puedes cambiarle el nombre.

1. Abre el menú.
2. Haz clic en Pokémon.
3. Haz clic en el Pokémon que quieras renombrar.
4. Haz clic en el lápiz junto a su nombre.
5. Escribe el nuevo nombre del Pokémon.

4

EL HACKER RASTREADOR

NOCIONES BÁSICAS DE RASTREO

¿Cómo sabe Pokémon GO dónde poner las mejores cosas?

Gracias a los jugadores* de Ingress, el juego tiene una enorme base de datos con lugares chulos por todo el mundo, ¡fotos incluidas! Descárgate Ingress y mira el mapa interno para conocer las mejores localizaciones.

Pero no necesitas el mapa de Ingress para encontrar Pokémon a donde sea que vayas.

* https://support.ingress.com/hc/en-us/articles/207441797-Finding-Portals

Planea unas vacaciones en base a Pokémon GO

¿Estás buscando ideas para tu próximo viaje? No hay nada mejor que visitar un destino muy turístico para ampliar tus oportunidades de juego.

NYC: La tienda Nintendo del Rockefeller Center es una mina de oro para los jugadores de Pokémon GO, ya que tiene múltiples Gimnasios, PokéParadas y Pokémon para atrapar. También visita Central Park, Times Square y el Washington Square Park en Greenwich Village para maximizar tu rastreo y conocer a otros jugadores de todo el mundo. Una visita al metro puede proporcionarte más recompensas que ir de PokéParada en PokéParada. Mantén los ojos abiertos, porque hay muchos Pokémon que están de acuerdo con que esa es la mejor forma de moverse por la ciudad.

San Francisco: Encontrarás buenos Pokémon en el campus universitario de la UC Berkeley, en el Golden Gate Park, en Fisherman's Wharf y en el zoo de San Francisco.

Los Ángeles: Visita el estadio de los Dodgers, el Hollywood Bowl, el Paseo de la Fama en Hollywood Boulevard, la biblioteca Huntington y el muelle de Santa Mónica, para buscar Pokémon en todos sus entornos.

Chicago: El zoo de Lincoln Park es un sitio genial y gratis donde atrapar Pokémon. Hazle una visita a la Habichuela del Millennium Park, el Navy Pier para Pokémon de Agua y Little Italy para encontrar una buena concentración de PokéParadas.

Londres: Se ha visto un Zubat sobrevolando el London Eye y el Big Ben es un Gimnasio verificado. Visita tus estatuas y monumentos favoritos como el de Charlie Chaplin en Leicester Square y el de Winston Churchill en el Parlamento; igual que el Museo de Londres, Piccadilly Circus y Covent Garden para atrapar Pokémon.

En movimiento: Aeropuertos, estaciones de trenes y otros núcleos bulliciosos están a rebosar de PokéParadas y Gimnasios. Son perfectos para matar el tiempo y acumular PX mientras esperas.

Parques de atracciones importantes: Disneyworld, Disneyland, Sea World y cualquier otro parque de atracciones grande seguramente contenga más paradas que Poké Balls puedas lanzar.

Central Park es el mejor lugar, junto con Kew Gardens en segundo puesto. Central Park gana porque todo el mundo anda por allí jugando a Pokémon GO y se convierte en una experiencia social porque o bien ya traes amigos contigo, o haces amigos allí mientras juegas. —Acop42

Viajar por San Francisco y Berkeley ha sido increíble. Hay por lo menos una docena de Gimnasios en el

campus universitario, y en estas dos últimas semanas he combatido por ellos con un par de amigos nuevos de equipos distintos. —DroptheSammer

Pokémon GO ya se ha convertido en casi un lenguaje universal que une a personas de todas las edades y de todos los países para compartir trucos y consejos. Un estudiante de secundaria y su hermano estaban en un parque junto a su casa en Connecticut y se encontraron con un grupo de chicos del colegio rival. «Pasaron por al lado, jugando a Pokémon GO y me hicieron mucha gracia. Nunca habríamos hablado con ellos si no llega a ser por el juego». Su familia se fue poco después de viaje en coche por el país y sus padres se sorprendieron de lo bien que se llevaban los chicos. «Sinceramente, esta vez ha sido cuando más de acuerdo han estado y mejor se han comportado en un viaje largo en coche, tanto con nosotros como entre ellos... Era en parte competición, descubrimientos y pura locura», recuerda su madre.

«Le enseñé a mi hermano pequeño cómo jugar. Nos unimos más gracias a Pokémon», explicó. Jugaban en cada parada que hacían en el camino. «Cuando llegamos a Nisswa, Minnesota, había niños recorriendo el pequeño pueblo jugando aunque normalmente por la noche es bastante tranquilo».

Planea un recorrido Pokémon GO

Aunque no tengas planes de viajar, no necesitas alejarte mucho de casa. Según noticias de la mayoría de lugares populares en grandes ciudades, las mejores apuestas para atrapar y entrenar Pokémon en tu ciudad estarán alrededor de los siguientes sitios:

- Fuentes
- Estatuas
- Monumentos
- Museos
- Bibliotecas
- Placas con inscripción
- Lugares históricos
- Estaciones de bomberos
- Comisarías
- Parques de atracciones
- Campos de fútbol u otros deportes
- Centros comerciales

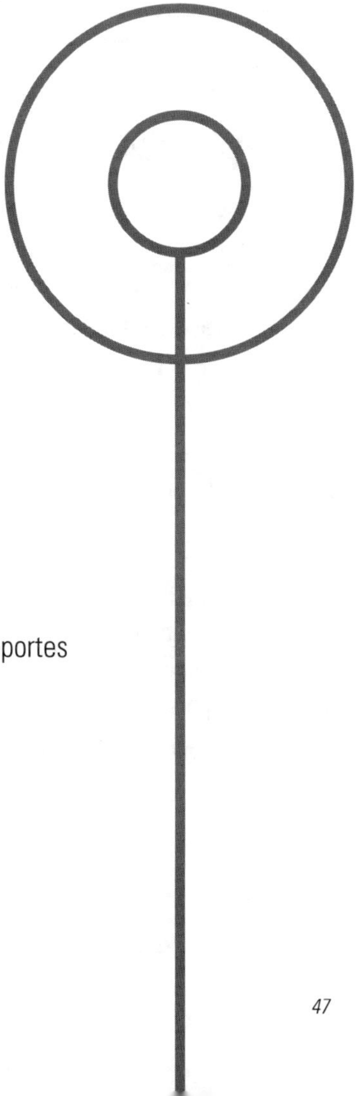

Adventureland en Long Island es en realidad un Gimnasio enorme. Me encontré con muchas PokéParadas y Gimnasios. —TennisBrandon

Los mejores lugares que he encontrado para jugar a Pokémon GO son áreas con una densidad de población alta: parques y Walmart. El lugar más extraño donde me encontré un Pokémon fue en la bañera. —Cornholio42089

Cómo saber cuándo hay un Pokémon cerca

Cuando estés rastreando Pokémon para tu siguiente combate, el rectángulo de Cerca en la pantalla principal te mostrará hasta tres Pokémon que haya cerca. Los verás como una sombra si nunca has capturado uno como ese antes. Haz clic en el icono de Cerca y un cuadro de 3 × 3 aparecerá con una lista de Pokémon que haya cerca según la proximidad. Eso sí, no te dirá en qué dirección. Tendrás que andar en una y ver si el orden de los Pokémon cambia para rastrear al que estás buscando.

Cuando se lanzó el juego, cada Pokémon tenía hasta tres huellas debajo, indicando lo lejos que estaba de ti. Un error en la programación hizo que todos los Pokémon tuvieran tres huellas. La versión 1.1.0 del juego eliminó las huellas, pero todavía se puede acceder a la lista de Pokémon que tenemos cerca.

También te habrás percatado de esas cositas que parecen hojas de árbol volando en el mapa. En realidad es hierba que se mueve, y significa que hay un Pokémon escondido cerca. Podría salir de su escondite en cualquier momento o sentir tu presencia y permanecer oculto hasta que esté seguro y fuera de tu radar.

Otro consejo de rastreo es seguir a otros jugadores. Aunque hubo muchas noticias de estampidas y heridas en los primeros días tras el lanzamiento de la aplicación, por fortuna ahora ya no las hay. Las estampidas se han reemplazado por un comportamiento más cívico que incluye:

- Seguir a jugadores que parezcan saber lo que están haciendo a una distancia prudencial.
- Hablar con la gente que te encuentres para ver qué han capturado cerca.
- Compartir con tus amigos en las redes sociales cuándo has visto un Pokémon raro y pedirles que te devuelvan el favor.

Amplifica tu rastreo

Incienso: Empiezas el juego con dos frascos de Incienso. Su misteriosa fragancia atrae a los Pokémon a tu ubicación. Si tienes en mente quedarte quieto durante media hora, usa el Incienso, activa el modo ahorro de batería, rota el teléfono para que esté hacia abajo, ¡y espera a que el Pokémon caiga en la trampa!

Cebo: Coloca un Módulo Cebo en una PokéParada para atraer Pokémon a esa zona durante treinta minutos. Un cebo beneficia a todo el mundo que se acerque. Una vez activado, el cebo envía corazones para atraer Pokémon y otros jugadores a esa ubicación. Los dueños de negocios que por fortuna tienen una PokéParada en su lugar de trabajo, a menudo colocan cebos para atraer jugadores y promover su negocio.

Los Módulos Cebo hay que utilizarlos con cabeza. Si no tienes más remedio que quedarte parado en algún lado durante al menos media hora, entonces sí que merece la pena, probablemente, colocar un módulo. Ten en cuenta que los que te rodean también se benefician, así que úsalos con amigos. —DroptheSammer

Aunque sí que consigues algunos Módulos Cebo e Inciensos al subir de nivel, para hacerte con más sí que es necesario que hagas una compra en la aplicación. Con eso dicho, aprovéchate del aspecto comunitario de los Módulos Cebo jugando con amigos y tomad turnos colocando los cebos donde mejor os venga a la mayoría de vosotros. ¡Usa un cebo o un Incienso junto a un Huevo Suerte para duplicar los PX y subir de nivel más rápido!

Un Módulo Cebo es diferente a un Incienso porque atrae Pokémon a la PokéParada, no solo para ti, sino también para otros jugadores. Es algo que se hace por ser amable. Convierte la dinámica del juego en una mucho más social. Se puede ver el nombre de usuario del jugador que ha puesto el Módulo Cebo. —TennisBrandon

¡CUIDADO!

Haz siempre uso del sentido común cuando persigas cebos. Solo acércate a los que se han colocado en lugares bien iluminados y concurridos. Nunca visites un cebo en un área oscura y desértica, especialmente por la noche o en un lugar desconocido.

Pero espera, ¡que hay más!

La pulsera Pokémon GO Plus te permite mantener el teléfono móvil guardado en el bolsillo mientras rastreas Pokémon por tu ciudad. Se conecta a tu teléfono por Bluetooth y se iluminará y vibrará cuando un Pokémon o una PokéParada estén cerca. Presiona el botón del dispositivo para empezar a combatir o para recoger los objetos de la PokéParada.

- Los pros: te permite guardar el teléfono en el bolsillo y rastrea los Pokémon por ti
- Los contras: cuesta 39.99£ y usa Bluetooth, que consume mucha batería.

La mejora en el almacenaje de Pokémon te permite seguir capturando Pokémon aunque hayas llenado los 250 huecos de tu inventario. Aunque puedes transferir Pokémon extra al profesor Willow a cambio de 1 caramelo, si tienes la intención de hacerte con el máximo de Pokémon posible, puedes adquirir esa mejora del almacenaje en la tienda por solo 200 PokéMonedas.

Sinceramente puedo decir que lo único que no me gusta del juego es la economía. Los muchos usos de las PokéMonedas versus cómo conseguirlas crea una disparidad económica. —Cornholio42089

No los rastrees solamente, ¡incúbalos!

Las PokéParadas ofrecen más que Poké Balls gratis. También puedes recibir Huevos, que eclosionarán en Pokémon si cumples estas dos condiciones:

1. Pon el Huevo en una Incubadora.
2. Camina la distancia requerida por el Huevo.

Hay tres tipos de Huevos: de 2 km, de 5 km y de 10 km. Cuanto más tengas que andar, más raro y poderoso será el Pokémon que nazca de ese Huevo.

Curso rápido de distancias (por si no sabes a cuántas millas equivalen los kilómetros)

2km = 1,25 millas

5km = 3,1 millas

10km = 6,3 millas

Tienes espacio para nueve Huevos en tu inventario. Si recibes más, no podrás colocarlos en tu inventario, así que incúbalos y eclosiónalos para no perderte ninguno.

Los Huevos también te proporcionan muchos PX, Polvoestelares y Caramelos cuando eclosionan. ¡Otro incentivo para caminar y hacerlos eclosionar!

Los Huevos tienen que ser una constante en tu cabeza, y el modo ahorro de batería ayuda mucho con ellos. Los huevos dan un montón de Caramelos gratis, algo crucial para hacer evolucionar a los Pokémon. Te aconsejo que hagas eclosionar tantos Huevos como puedas y con la máxima frecuencia posible. —DroptheSammer

Eclosión de Huevos

1. Haz clic en el menú principal (el icono de la Poké Ball).

2. Selecciona Pokémon.

3. Pincha en la pestaña de Huevos

4. Pon un Huevo en una Incubadora. Empezarás el juego con una Incubadora de uso infinito e irás consiguiendo Incubadoras de tres usos a medida que vayas aumentando de nivel. Usa el de uso infinito para los Huevos de distancia más corta para poder usarlo con mayor frecuencia, y reserva las Incubadoras de usos limitados para los Huevos de largas distancias.

5. La Incubadora contará la distancia que tienes que recorrer para que el Huevo eclosione.

6. Cuando hayas completado la distancia, tu dispositivo vibrará y podrás ver la secuencia de

eclosión, qué Pokémon sale de él y qué recompensas obtienes.

consejo: Los pasos

La aplicación utiliza el GPS y el podómetro de tu teléfono para registrar los pasos. Tienes que dejar la aplicación abierta (preferiblemente con el modo de ahorro de batería activado) mientras te mueves para registrar los pasos y hacer eclosionar el Huevo. **Los pasos solo se contabilizan cuando la aplicación está abierta**. Activa el modo ahorro de la aplicación y mantén el teléfono hacia abajo para seguir sumando pasos mientras te mueves.

¿Atrapado en una caravana? La aplicación registra la distancia que recorres cuando vas a una velocidad reducida.

¡Mantén siempre un Huevo en la Incubadora de uso infinito!

Los consejos de DroptheSammer para conservar las Poké Balls

Para almacenar suficientes Poké Balls

Si no quieres gastar dinero (y no tienes por qué) quédate cerca de una o dos PokéParadas. Se actualizan muy rápido, en cuestión de minutos, y te dan entre tres y nueve objetos cada vez.

Qué hacer para no quedarte sin Poké Balls.

Esto depende de tus prioridades. Como regla general, consérvalas. Si has salido porque quieres evolucionar a un Pokémon, céntrate en eso. Si, por el contrario, quieres atraparlos a todos, no malgastes bolas en Pokémon repetidos. Sé inteligente con lo que tienes a tu disposición.

Qué hacer si no has leído la lista a tiempo y te has quedado sin Poké Balls igualmente

El remedio es sencillo: si no quieres gastar dinero y comprarlas, simplemente quédate cerca de una PokéParada o sal en bicicleta y encuentra todas las que tengas cerca de ti. En una hora te puedes hacer con cien Poké Balls o más.

Eso sin mencionar que tras haber llegado al nivel 12, más bolas se vuelven disponibles (Super Ball, Ultra Ball, etc.) y la probabilidad cambia un poco.

5

TIPOS DE POKÉMON Y DÓNDE ENCONTRARLOS

¿Buscas completar la Pokédex pero no estás seguro de dónde encontrarlos?

El juego se funde con el mundo real en entornos como parques, calles, monumentos y otras categorías. El juego asigna cada tipo de Pokémon a diferentes hábitats y son más dados a aparecer en algunos lugares más que en otros.

Hay 18 tipos de Pokémon diferentes pero el Siniestro no está disponible en Pokémon GO. El tipo se relaciona con dónde se encuentran y sus movimientos de combate, así que cada Pokémon puede ser de hasta dos tipos a la vez. Tentacruel es del tipo Agua y Veneno, por ejemplo, y Spearow es tanto Normal como Volador.

En el juego, hay 142 Pokémon originales disponibles para atrapar o evolucionar. Los Pokémon que encontramos desde su lanzamiento en julio de 2016 son todos de la región Kanto del mundo Pokémon.

Desde el lanzamiento de Pokémon GO, solo los Pokémon de Kanto están disponibles, excluyendo así los de otras regiones y los de tipo Siniestro; pero la empresa tiene en mente expandir la Pokédex con Pokémon de otras regiones. Además, los Pokémon legendarios no están actualmente disponibles y no se pueden atrapar, lo cual implica que no vas a poder hacerte con Mew, Mewtwo, o las tres mascotas de los equipos, Articuno, Moltres y Zapdos. Ditto tampoco está disponible en el juego y no se puede ni atrapar ni incubar.

Hice un picnic en la playa y mi amigo y yo estuvimos corriendo de un lado a otro buscando Pokémon. Había por todas partes. Cada cinco minutos teníamos que acercarnos a la PokéParada que había en una roca para coger Poké Balls porque se nos acababan. —TennisBrandon

Diecisiete tipos de Pokémon… ¿más uno?

Normal: Los Pokémon de tipo Normal pueden encontrarse en todas partes. Hasta en tu salón.

- Chansey, Dodrio, Doduo, Eevee, Fearow, Jigglypuff, Lickitung, Meowth, Persian, Pidgeot, Pidgeotto, Pidgey, Porygon, Raticate, Rattata, Snorlax, Spearow y Wigglytuff.
- Farfetch'd solo se puede encontrar salvaje en Asia, pero puede salir de un Huevo de 5 km en cualquier parte del mundo.
- Los Kangaskhan salvajes están disponibles en Australia y Nueva Zelanda únicamente, pero se pueden conseguir a través de los Huevos de 5 km en todo el mundo.
- Tauros está disponible en Norteamérica como Pokémon salvaje y puede salir de un Huevo de 5 km en todos sitios.
- A Ditto no se le ha visto desde la fecha de lanzamiento del juego.

Fuego: Los Pokémon de tipo Fuego salen en lugares de clima seco y en la arena caliente de la playa.

- Arcanine, Charizard, Charmander, Charmeleon, Flareon, Growlithe, Magmar, Ninetales, Ponyta, Rapidash y Vulpix
- El líder del equipo Moltres no está disponible en el juego desde su lanzamiento.

Lucha: Campos de fútbol u otros deportes, gimnasios, estadios y otros lugares de competición.

- Hitmonchan, Hitmonlee, Machamp, Machoke, Machop, Mankey, Poliwrath y Primeape

Agua: Lagos, estanques, playas y puertos.

- Blastoise, Cloyster, Dewgong, Goldeen, Golduck, Gyarados, Horsea, Kabuto, Kabutops, Kingler, Krabby, Lapras, Magikarp, Omanyte, Omastar, Poliwag, Poliwhirl, Poliwrath, Psyduck, Seadra, Seaking, Seel, Shellder, Slowbro, Slowpoke, Squirtle, Starmie, Staryu, Tentacool, Tentacruel, Vaporeon y Wartortle

Volador: Granjas, bosques, parques, parques infantiles, caminos de senderismo, arboledas.

- Aerodactyl, Articuno, Butterfree, Charizard, Dodrio, Doduo, Dragonite, Fearow, Golbat, Gyarados, Moltres, Pidgeot, Pidgeotto, Pidgey, Scyther, Spearow, Zapdos y Zubat
- Farfetch'd se puede obtener a través de Huevos de 5 km y salvaje únicamente en Asia.

Planta: Granjas, parques, campos de golf, patios, el campo.

- Bellsprout, Bulbasaur, Exeggcute, Exeggutor, Gloom, Ivysaur, Oddish, Paras, Parasect, Tangela, Venusaur, Victreebell, Vileplume y Weepinbell

Veneno: En la hierba, en el agua, centrales eléctricas, áreas industriales, pantanos y humedales.

- Arbok, Beedrill, Bellsprout, Bulbasaur, Ekans, Gastly, Gengar, Gloom, Golbat, Grimer, Haunter, Ivysaur, Kakuna, Koffing, Muk, Nidoking, Nidoqueen, Nidoran (Hembra), Nidoran (Macho), Nidorina, Nidorino, Oddish, Tentacool, Tentacruel, Venomoth, Venonat, Venusaur, Victreebel, Vileplume, Weedle, Weepinbell, Weezing y Zubat

Eléctrico: Áreas cementadas, como colegios, universidades o grandes edificios.

- Electabuzz, Electrode, Jolteon, Magnemite, Magneton, Pikachu, Raichu, Voltorb y Zapdos

Tierra: En la basura, en playas, estaciones de autobuses, trenes y aeropuertos, garajes, en el barro, carreteras y ciudades.

- Cubone, Diglett, Dugtrio, Geodude, Golem, Graveler, Marowak, Nidoking, Nidoqueen, Onix, Rhydon, Rhyhorn, Sandshrew y Sandslash

Psíquico: Playas, parques infantiles, bosques, parques, hospitales.

- Abra, Alakazam, Drowzee, Exeggcute, Exeggutor, Hypno, Jynx, Kadabra, Slowbro y Slowpoke
- Mew y Meetwo no están disponibles en el juego desde su lanzamiento.
- Mr. Mime es un Pokémon regional disponible salvaje únicamente en Europa, pero se puede obtener a través de Huevos de 10 km en todo el mundo.

Roca: En aceras, calles, caminos de gravilla, centros comerciales, edificios grandes, centros de ciudad.

- Aerodactyl, Geodude, Golem, Graveler, Kabuto, Kabutops, Omanyte, Omastar, Onix, Rhydon y Rhyhorn

Hielo: En el agua, en la nieve y el césped.

- Articuno, Cloyster, Dewgong, Jynx y Lapras

Bicho: Parques infantiles, césped, jardines, caminos, reservas naturales, caminos de montaña.

- Beedrill, Butterfree, Caterpie, Kakuna, Metapod, Paras, Parasect, Pinsir, Scyther, Venomoth, Venonat y Weedle

Dragón: Sitios emblemáticos, monumentos y lugares famosos.

- Dragonair, Dragonite y Dratini

Siniestro: No hay Pokémon Siniestro disponibles.

Fantasma: Lugares oscuros, por la noche, iglesias, párquines.

- Gastly, Gengar y Haunter

Acero: Estaciones de tren, dentro de edificios grandes, junto a las vías del tren.

- Magnemite y Magneton

Hada: Sitios emblemáticos, monumentos, iglesias y cementerios.

- Clefable, Clefairy, Jigglypuff y Wigglytuff
- Mr. Mime solo está disponible en Europa o a través de Huevos.

Cuando voy a diferentes sitios, siempre juego a Pokémon GO… Cuando estás lejos de casa, encuentras muchos Pokémon que no verías normalmente al caminar por las calles de tu ciudad. —1AndPeggy

6

LEVÁNTATE, SAL Y... POKÉMON GO

Una de las razones más importantes por las que los padres y los profesores odian los videojuegos es que animan a los jugadores a permanecer entre cuatro paredes y a no hacer ejercicio. Juegos que activan el movimiento como la Xbox Kinect y la WiiU hacen que te muevas, pero siguen atándote a casa, mientras que aplicaciones y videoconsolas portables como la 3DS y la PlayStation Vita sí te sacan de casa, pero te siguen atando al juego.

Pokémon GO seguirá levantando ampollas entre los adultos, pero algo que sí consigue es que los jugadores se muevan fuera en el mundo real y los obliga a interactuar con otras personas. La primera semana después del lanzamiento, los jugadores de todo el mundo ya comentaban los beneficios del juego con respecto a la salud.

Recuérdale a todos los jugadores, jóvenes o adultos, que estén pendientes de sus alrededores cuando jueguen y que nunca se adentren solos en terrenos desconocidos, especialmente de noche.

Cómo Pokémon GO logra que te muevas

Caminar para eclosionar Huevos: Necesitarás caminar de 2 a 10 kilómetros para eclosionar Huevos.

Caminar para atrapar Pokémon: Puedes jugar desde tu salón, pero a menos que tu casa sea una PokéParada o un Gimnasio, tu jugabilidad estará limitada a capturar los Zubats y Rattatas que aparezcan esporádicamente en el interior de viviendas, a transferir Pokémon al Profesor Willow y a evolucionar tus Pokémon. Es necesario salir fuera para poder disfrutar del juego al máximo.

Explorar para completar la Pokédex: Si te quedas en un solo sitio, te estás limitando a un solo tipo de Pokémon según la zona. Si exploras nuevos lugares, te será más fácil rellenar todos los espacios en blanco de tu Pokédex.

Qué ganas por ser un jugador entregado

Descubrir tu barrio: Explora tu barrio para expandir tu Pokédex y tus recursos. El juego te lleva a lugares nuevos que no visitarías normalmente.

Serendipia: Explorar estando de vacaciones te proporciona un destino y unas metas. Mientras buscas Pokémon, te toparás con sorpresas increíbles e inesperadas.

Serendipia: (1. f.) Hallazgo valioso que se produce de manera accidental o casual.

Ejercicio: Caminar mientras juegas quema calorías, ayuda a tu corazón, mueve tus músculos, aumenta tus niveles de energía y mejora tu humor, e incluso puede que hagas mejores exámenes porque ayuda a tu cerebro a recordar las cosas mejor.

Interacción: Mientras recorres el mundo en busca de nuevos Pokémon que entrenar y nuevos Gimnasios que dominar, te darás cuenta de que la gente es más simpática cuando descubres que vais los dos por el mismo Pokémon raro. Es cierto que las personas que conozcas no se convertirán, probablemente, en tus mejores amigos, pero el juego está atribuyendo un sentido de comunidad e identidad a las personas que la mayoría de los juegos no tienen. Aunque al fin y al cabo solo sea tu avatar de Entrenador y los Pokémon que entrenas en la pantalla, jugar implica estar conectado a la vida real con seres humanos de verdad, lo que aporta un beneficio mucho mayor que un juego online o chat, donde probablemente nunca conocerás en persona a tus oponentes o compañeros de equipo.

Tiempo en familia: Pokémon GO es lo bastante fácil como para que un niño pequeño juegue; lo bastante complicado para un adulto; y lo bastante complejo para que las personas de todas las edades y de intereses distintos saquen algo de provecho al jugar. Se ha convertido en una actividad en familia genial para las vacaciones, excursiones, caminatas e incluso a la hora de hacer mandados. Muchas familias cuentan que salen a capturar Pokémon en vez de ver la televisión por la tarde.

La rutina de nuestros hijos a la hora de irse a la cama es otra gracias al juego. Olvidados han quedado los DVD que tantas veces hemos visto y nos sabemos de memoria. Ahora salimos a capturar Pokémon. Nuestro perro hace mucho más ejercicio, atrapamos más Drowzee y Clefairy porque es tarde y nuestro hijo duerme más plácidamente también. Hablar y pasar tiempo con nuestros hijos es ahora mucho más fácil al tener Pokémon GO en común. Nos ha unido.
—Jacqueline, madre de dos niños en Connecticut

Un jugador de quince años se quedó tirado en el aeropuerto de camino a casa de un campamento con tan solo un dólar en el bolsillo. «Estaba completamente solo. Tenía hambre y lo único que quería era llegar a casa con mi familia». Afortunadamente, la aerolínea repartió cupones de 25 dólares a los pasajeros varados, así que se dispuso a ir en busca de comida. De camino al área de restauración, le vibró el móvil, señal de que había un Pokémon cerca. Mientras lo atrapaba, vio a otro adolescente lanzar una Poké Ball para capturar al mismo Pokémon. Se juntaron y pasaron el resto de la tarde visitando PokéParadas y Gimnasios en la terminal y atrapando Pokémon. «Para cuando por fin embarcamos en el avión siete horas después, nuestro grupo había crecido y ahora incluía a dos niños de nueve años y un guardia de seguridad, y cada uno atrapamos como unos 25 Pokémon», recordó. «Pokémon GO convirtió la que podría haber sido la peor noche de mi vida en una experiencia bastante divertida».

Mi parte favorita de este juego en comparación con los otros de Pokémon es que me hace querer salir de casa y andar y conocer gente nueva. Ha sido una influencia positiva hasta ahora. —Godefridus

Pokémon GO y tu salud

El juego es todavía relativamente nuevo, pero los médicos y los psicólogos ya están hablando de los muchos beneficios del juego.

Bañarte en la luz del sol mientras caminas y juegas puede ayudarte a combatir los cambios de humor, la depresión y la ansiedad.

Estoy seguro de que jugaré un poco menos cuando haya capturado todos los que pueda, pero sigue siendo divertido salir de casa para ver qué sucede. Además, se hace ejercicio y puede que vea hasta algunos Pokémon de verdad —¡PÁJAROS!— cuando esté fuera.
—Commander Holly

También tiene sus inconvenientes. Algunos enemigos del juego están decepcionados porque no haya opciones de accesibilidad para jugadores invidentes o que sean incapaces de pulsar y deslizar, pero estas modificaciones podrían venir en futuras actualizaciones. Y las noticias están llenas de historias de jugadores que se olvidan de mirar por donde van y no hacen uso de su mejor juicio y se lanzan a la carretera, tropiezan con coches aparcados y se adentran inadvertidamente en zonas peligrosas con resultados desastrosos. Eso sin mencionar a los jugadores que juegan mientras conducen, van en bicicleta o en monopatín, que pueden sufrir heridas o causárselas a otras personas. Para hacerle frente a estos riesgos, lo mejor es jugar en grupo con amigos. La ventaja añadida: se ahorra batería y datos de internet. Cuando juegas con amigos, solo una persona necesita mantener la aplicación abierta en todo momento, que avisará a los demás de cuando haya algo que atrapar.

¿Vas a salir a jugar?
¡No te olvides del protector solar!

Grupos en línea, como Facebook, te permiten compartir información y también saber cuándo la gente va a salir a cazar o poner cebos. —Wcpedorc

7

¡EVOLUCIONA Y DA MÁS PODER CON CARAMELOS!

(QUÉ HACER CUANDO TIENES DEMASIADOS VENONATS EN LA POKÉDEX)

Sobre la evolución

Todos los Pokémon no son iguales. En todos los videojuegos de Pokémon, las evoluciones juegan un papel importantísimo en la estrategia y en el desarrollo de la trama. Al evolucionar los Pokémon, estos se hacen más fuertes y mejoran sus habilidades.

A lo mejor te das cuenta de que, según vas avanzando en el juego, has atrapado un montón de Weedle (son como unos gusanitos con un sombrero morado en la cabeza). Este bicho venenoso puede no parecer peligroso, pero captura suficientes Weedle y acumularás 12 Caramelos para evolucionarlo a Kakuna (que tiene la apariencia de un gusano con corbata). 50 Caramelos Kakuna después, tendrás suficientes para evolucionarlo a Beedrill, que resta 6 Puntos de Salud con cada ataque de tipo bicho y 15, por los de veneno. Beedrill también tiene movimientos especiales que restan entre 25 y 50 PS, pero ya hablaremos de los combates más adelante.

Kakuna y Beedrill también están disponibles para atraparlos salvajes, pero son más complicados de capturar y no salen con tanta frecuencia. Algunos Pokémon solo se pueden conseguir mediante la evolución.

¿Tienes dudas sobre qué Pokémon evolucionan y en qué se convierten? Haz clic en la Poké Ball para abrir el menú y luego selecciona la Pokédex para abrirla. Pincha en cualquier Pokémon que ya hayas capturado para ver cómo evoluciona y en qué etapa se encuentra de su evolución final. Un número en lugar de un Pokémon te indica que todavía no has atrapado ese Pokémon. Échale un vistazo al Apéndice A al final de este libro y encontrarás la lista completa de los Pokémon disponibles en el juego cuando este se lanzó.

¿Por qué el juego sigue regalándome Caramelos?

Cuando capturas un Pokémon, recibes Caramelos específicos de ese Pokémon. También, cada Huevo que eclosiones te dará entre 3 y 35 Caramelos para ese tipo de Pokémon.

consejo: Huevos vs. Caramelos

Eclosionar Huevos es una forma genial de obtener Caramelos de Pokémon raros.

Los tipos de Caramelos son específicos para la forma básica, no evolucionada de los Pokémon, y para sus evoluciones posteriores. Recibes Caramelos Weedle cuando atrapas u obtienes un Weedle, Kakuna o Beedrill mediante un Huevo.

Estoy super feliz de tener un Beedrill, que es la forma evolucionada de Kakuna, que a su vez evoluciona de Weedle. Hace falta un buen número de Caramelos para evolucionar, pero merece la pena atrapar un Pokémon de tipo bicho con un PC alto desde el principio. —DroptheSammer

consejo: Da más poder antes de evolucionar

Empieza con un Pokémon débil; un Pokémon débil evolucionará a otro más fuerte. Evoluciona a los Pokémon con un PC alto para obtener una versión más fuerte de su forma evolucionada. Evoluciona a los que tengan un Poder de Combate superior y transfiere los de menor poder. Échale un vistazo al capítulo sobre dar Más Poder utilizando Polvoestelares y Caramelos para aprender a fortalecer tu Pokémon inicial y terminar con su forma evolucionada en un nivel elevado.

Estrategia para principiantes

Una forma de evolucionar rápido a los Pokémon más comunes es capturando tantos Weedle, Caterpie, Pidgey, Rattata, Nidoran Hembra, Nidoran Macho, Zubat y Venonat de nivel bajo como puedas al inicio del juego. Cuando creas que tienes un buen puñado de estos seres, comprueba tu inventario Pokémon. Podrías tener suficientes para transferirlos por Caramelos y evolucionarlos a otros más poderosos.

Para ver si tienes suficientes Caramelos para una evolución:

1. Haz clic en el botón central con forma de Poké Ball para abrir el menú.

2. Haz clic en el icono de Pokémon en la esquina inferior izquierda.

3. Selecciona el Pokémon que quieres evolucionar. Asegúrate de que es el Pokémon con el PC más alto de ese tipo. Mantendrá el mismo PC cuando lo evolucionas. Evolucionar a un Pidgey con 10PC te dará a un Pidgeotto con un PC bajo, pero un Pidgey que

empiece a evolucionar con 126PC se transformará en un Pidgeotto con más PC propios.

4 Debajo de los datos del Pokémon que te indican el tipo y sus dimensiones, verás cuántos Caramelos tienes para ese Pokémon específico.

5 Junto a la X en la parte inferior de la pantalla, verás la palabra Evolucionar. Si está como en gris, no tienes todavía suficientes Caramelos para evolucionar al Pokémon. El icono de Caramelo y el número te indican cuántos necesitas para completar una evolución.

6 En caso de tener suficientes Caramelos, haz clic en Evolucionar. Una ventana emergente te preguntará si quieres evolucionar al Pokémon.

7 Haz clic en SÍ.

Te darás cuenta de que algunos Pokémon que has capturado no tienen el botón de Evolucionar. Eso es porque ya están en lo más alto de la cadena de evolución de ese tipo. Ya no pueden evolucionar más.

consejo: ¿Merece la pena combatir?

No merece la pena combatir contra algunos Pokémon difíciles de atrapar. Un Zubat, por ejemplo, puede ser complicado de capturar desde los niveles más bajos. Como para evolucionar a Zubat hacen falta 50 Caramelos, a menos que estés desesperado por hacerlo evolucionar a Golbat para completar la Pokédex, puede que no merezca la pena malgastar Poké Balls. Al menos, no si no tienes un acceso ilimitado a ellas por vivir o trabajar junto a una PokéParada.

Transferir Pokémon

Si casi tienes el número necesario de Caramelos para evolucionar un Pokémon, puedes transferir los repetidos al Profesor Willow a cambio de un Caramelo por cada uno. Transfiere los Pokémon con el PC MÁS BAJO ya que vas a recibir el mismo número de Caramelos por un Pidgey de 10PC que por otro de 126PC.

Para transferir un Pokémon al Profesor Willow por un Caramelo:

1. Haz clic en la Poké Ball para abrir el menú principal.
2. Haz clic en Pokémon en la esquina inferior izquierda.
3. Haz clic en el Pokémon con el PC más bajo del tipo que quieras transferir.
4. Pincha en las tres rayas en la esquina inferior derecha de la pantalla y selecciona Transferir.

5 Una ventana emergente te recordará que no podrás recuperar tu Pokémon una vez lo hayas transferido. Pincha en Sí para continuar.

6 Un mensaje aparecerá informándote de que la transferencia se ha completado con éxito. Has recibido un Caramelo específico de ese Pokémon.

Transfiero Pokémon continuamente al Profesor. Le mando todos los Pokémon repetidos y todas las formas no evolucionadas que ya tengo en su evolución final, porque cede PC e insumos del juego. —Cornholio42089

Aunque tengas la máxima evolución de un Pokémon, puedes seguir capturando y acumulando Pokémon de bajo nivel para obtener PX extra.

Razones para evolucionar a un Pokémon:

- Registras en la Pokédex Pokémon nuevos que no habías capturado antes.
- Obtienes 1000 PX la primera vez que evolucionas a un Pokémon específico y 500 PX por cada evolución posterior de ese mismo Pokémon.

- Liberas espacio en tu inventario. Solo tienes sitio para 250 Pokémon, y eso se consigue bastante rápido.
- Tienes un mejor ejército de Pokémon poderosos para cuando estés listo para combatir.

consejo: Caramelos adecuados

Cada Pokémon y sus formas evolucionadas usan sus propios Caramelos. No puedes evolucionar a Pidgey con Caramelos Weedle.

Truco extra: Haz varias evoluciones a la vez que usas un Huevo Suerte para duplicar los PX que ganes por cada evolución. No te olvides de los Huevos que tengas en la Incubadora. ¡Activa un Huevo Suerte para duplicar los puntos que obtengas cuando eclosionen para subir de nivel más rápido!

Puedes evolucionar alrededor de 60 Pokémon con un Huevo Suerte, y hazlo tanto como puedas si quieres subir de nivel. A mí me gusta conseguir 200 Caramelos Pidgey y Weedle antes de seleccionar el Huevo Suerte y evolucionarlos.
—Godefridus

Evoluciono Pokémon como Rattata o Pidgey para ganar PX. Evoluciono aquellos Pokémon que quiero conservar y usar, según lo fuertes que sean en el nivel actual. —Wcpedorc

Las evoluciones de Eevee

Probablemente hayas capturado más de los que crees que necesitas de esa pequeña criatura peluda y achuchable, pero Eevee es más complejo de lo que parece. Si eres un fan del juego original, sabrás que Eevee puede evolucionar a distintas criaturas. Su evolución es complicada pero predecible y depende de la hora del día, del uso de objetos especiales, del nivel de felicidad de Eevee y de los movimientos disponibles. En Pokémon GO, no obstante, tendrás que esperar y ver qué ocurre tras haber conseguido 25 Caramelos. A menos, eso sí, que conozcas el secreto para controlar la evolución de tu Eevee.

Por ahora, solo es posible evolucionar a Eevee a sus tres formas evolucionadas originales de la región de Kanto: Flareon, Jolteon y Vaporeon. Las otras cinco evoluciones de Eevee no están disponibles.

El secreto para evolucionar a Eevee

Normalmente, ponerle un mote a tu Pokémon no hace nada más que proporcionarte otra excusa para reírte cada vez que sacas una foto del Mankey que has capturado y que has bautizado con el nombre de tu hermano. Cámbiale el nombre a Eevee a uno de estos tres y podrás controlar su destino.

- Nómbralo como Rainer para evolucionarlo a Vaporeon.
- Nómbralo como Sparky para evolucionarlo a Jolteon.
- Nómbralo como Pyro para evolucionarlo a Flareon.

Sin embargo, antes de hacer clic en Evolucionar, cierra el juego y vuélvelo a abrir para asegurarte de que se han guardado los cambios.

Pero… ¿Por qué? Te preguntarás. Es una excelente pregunta y que deberías estar haciéndote. Nada en el mundo Pokémon ocurre por casualidad. Aquí tienes la explicación de CharmanderinMC.

«En el anime Pokémon había cuatro hermanos: Mikey, que tenía un Eevee, y los otros tres que tenían sus tres formas evolucionadas. Cada uno presionaba a Mikey para que evolucionara a su Eevee, pero él no lo hizo. Para evolucionar a tu Eevee del modo en que los hermanos de Mikey lo hicieron, selecciona el Eevee que quieres evolucionar y ponle el nombre de uno de los tres hermanos. Yo le puse Sparky a mi mejor Eevee y ahora es un Jolteon.»

Tabla de evolución

Pokémon y Caramelos necesarios	→	Evolución 1	→	Evolución 2
Bulbasaur: 25	→	Ivysaur: 100	→	Venusaur
Charmander: 25	→	Charmeleon: 100	→	Charizard
Squirtle: 25	→	Wartortle: 100	→	Blastoise
Caterpie: 12	→	Metapod: 50	→	Butterfree
Weedle: 12	→	Kakuna: 50	→	Beedrill
Pidgey: 12	→	Pidgeotto: 50	→	Pidgeot
Rattata: 25	→	Raticate		
Spearow: 50	→	Fearow		
Ekans: 50	→	Arbok		
Pikachu: 50	→	Raichu		
Sandshrew: 50	→	Sandslash		
Nidoran Hembra: 25	→	Nidorina: 100	→	Nidoqueen
Nidoran Macho: 25	→	Nidorino: 100	→	Nidoking
Clefairy: 50	→	Clefable		
Vulpix: 50	→	Ninetales		

Jigglypuff: 50	→	Wigglytuff		
Zubat: 50	→	Golbat		
Oddish: 25	→	Gloom: 100	→	Vileplume
Paras: 50	→	Parasect		
Venonat	→	Venomoth		
Diglett: 50	→	Dugtrio		
Meowth: 50	→	Persian		
Psyduck: 50	→	Golduck		
Mankey: 50	→	Primeape		
Growlithe: 50	→	Arcanine		
Poliwag: 25	→	Poliwhirl: 100	→	Poliwrath
Abra: 25	→	Kadabra: 100	→	Alakazam
Machop: 25	→	Machoke: 100	→	Machamp
Bellsprout: 25	→	Weepinbell: 100	→	Victreebel
Tentacool: 50	→	Tentacruel		

Geodude: 25	→	Graveler: 100	→	Golem
Ponyta: 50	→	Rapidash		
Slowpoke: 50	→	Slowbro		
Magnemite: 50	→	Magneton		
Doduo: 50	→	Dodrio		
Seel: 50	→	Dewgong		
Grimer: 50	→	Muk		
Shellder: 50	→	Cloyster		
Gastly: 25	→	Haunter: 100	→	Gengar
Drowzee: 50	→	Hypno		
Krabby: 50	→	Kingler		
Voltorb: 50	→	Electrode		
Exeggcute: 50	→	Exeggutor		
Cubone: 50	→	Marowak		

Koffing: 50	→	Weezing		
Rhyhorn: 50	→	Rhydon		
Horsea: 50	→	Seadra		
Goldeen: 50	→	Seaking		
Staryu: 50	→	Starmie		
Magikarp: 400	→	Gyarados		
Eevee: 25	→	Vaporeon, Jolteon, Flareon		
Omanyte: 50	→	Omastar		
Kabuto: 50	→	Kabutops		
Dratini: 25	→	Dragonair: 100	→	Dragonite

Consejos de evolución

La evolución no perjudica y es específica para cada Pokémon. Si capturas muchos Pidgeys, cosa que te recomiendo para ganar Polvoestelares extra, evoluciónalos a Pidgeotto para ahorrar espacio y para generar más experiencia. Guárdate algunos Caramelos para darle más Puntos de Combate a tu Pokémon más fuerte cuando empieces a conquistar y a defender Gimnasios. —Godefridus

8

ELIGE TU EQUIPO

Cuando llegas al nivel 5, el Profesor Willow te pide que escojas un equipo. Ese equipo será definitivo para esa cuenta. Combatirás junto a tus compañeros de equipo, conquistarás Gimnasios, crearás alianzas y te comprometerás con el líder de tu equipo. No puedes cambiarlo una vez hayas hecho tu elección a menos que elimines la cuenta y empieces de cero.

¿Estás dividido y no sabes qué equipo escoger? Haz este test y averigua cuál es el tuyo.

TEST: ¿QUÉ EQUIPO ES EL MEJOR PARA TI?

Cuando no estás jugando a Pokémon GO, estás...

1. Desmontando cosas para ver cómo funcionan
2. Practicando algún deporte de equipo
3. Soñando despierto

¿Cuál es tu asignatura favorita?

1. Ciencias
2. Educación Física
3. Lengua

¿Cuál es tu estación favorita?

1. Invierno
2. Verano
3. Primavera

Acabas de elegir una novela. ¿De qué va?

1. Una aventura futurista que se desarrolla en el espacio
2. La historia de un atleta que entrena duro para conseguir todas sus metas
3. El viaje de una persona para descubrir el amor, la amistad y la felicidad

¿Qué tal te ha ido?

Si tus respuestas fueron…

Mayoría de 1: Únete al Equipo Sabiduría

Mayoría de 2: Bienvenido al Equipo Valor

Mayoría de 3: Cree en el Equipo Instinto

sobre los equipos

Equipo Sabiduría: Liderado por Blanche, al equipo azul solo le interesa la mente y la ciencia que hay tras la evolución Pokémon para ganar los combates. El dicho favorito de Blanche: «Con nuestro ***sosegado análisis de cada situación, ¡no podemos perder!***»

Equipo Valor: Candela lidera el equipo rojo. Ella cree que el espíritu de equipo, el entrenamiento y la disciplina son la clave para ganar y para mantener un Gimnasio. Se la oye alardear mucho: «***¡No hay duda de que los Pokémon que ha entrenado nuestro equipo son los más fuertes en la batalla!***»

Equipo Instinto: Spark adopta la chispa amarilla de la Eléctricidad. La intuición y el talento natural de cada Pokémon es lo que hace que el enfoque de su equipo sea único. El lema del Equipo Instinto: «***¡Nunca pierdes cuando confías en tu instinto!***»

Como fui uno de los primeros en jugar al juego, no había muchos seguidores en cada equipo cuando alcancé el nivel 5, así que elegí en base a la descripción que el juego ofrecía. El Equipo Sabiduría es el equivalente a la casa Ravenclaw de Harry Potter, el grupo que más centrado está en el enfoque científico y lógico, en oposición al Equipo Valor, que se centra más en el poder puro, y el Equipo Instinto se encuentra un poco entre los dos.
—DroptheSammer, Equipo Sabiduría

Miré el mapa y había un montón de gimnasios rojos. Parecía ser el equipo más popular y fuerte de la zona.
—TennisBrandon, Equipo Valor

Cada Pokémon tiene sus puntos fuertes y débiles, y cuando juegas al videojuego de toda la vida eso es lo que cuenta. Como no tienes oportunidad de combatir o de entrenar antes de elegir un equipo, supongo que seguí mi instinto y me imaginé que así era como funcionaba Pokémon GO.
—TriciaMacMillan, Equipo Instinto

Cada equipo tiene también uno de los tres pájaros legendarios como mascota. Zapdos, el Pokémon eléctrico, para Instinto; Articuno, que tiene el poder de congelar cosas, para Sabiduría; y Moltres, que puede derretir casi cualquier cosa con sus llamas, para Valor.

Articuno: Artic suena como Ártico.
Uno es el número 1

Zapdos: Zap es el sonido que hace el rayo en inglés.
Dos es el número 2

Moltres: Molt es la forma corta de Molten, en inglés, que significa lava y es similar a «melt», derretir.
Tres es el número 3

Pero dejando a un lado la mascota, los líderes, los colores y los test de personalidad, probablemente quieras unirte al mismo equipo que tus amigos o familiares, para poder combatir mano a mano y así derrotar juntos a gimnasios de otros equipos rivales y disfrutar del espíritu de tu equipo. ¡Al fin y al cabo, es un juego para socializar!

¿Prefieres un poco de rivalidad sana? Elegid bando en vuestra familia o grupo de amigos y combatid entre vosotros para ganaros el derecho a alardear y el honor de vuestro equipo.

9

¡SUBE DE NIVEL! CONSEJOS Y TRUCOS PARA SER EL MEJOR ENTRENADOR

Aunque el juego de cartas de Pokémon se centra en subir de nivel únicamente a los Pokémon, Pokémon GO va de subir tu nivel como jugador y Entrenador. Cuantos más PX consigas, más alto será tu nivel. Con un nivel alto podrás atrapar Pokémon más raros y hacer que los que ya has capturado sean más poderosos. ¡También, los Pokémon de nivel superior serán más difíciles de atrapar! Es importante recordar que la suerte juega también un papel fundamental.

¿Te has dado cuenta de que los Pokémon que se capturan al mismo tiempo no siempre tienen el mismo PC? Capturar Pokémon en niveles altos te proporciona Pokémon con mayor puntos de combate.

Tiene mayor prioridad subir de nivel como Entrenador porque cada vez que lo haces, los Pokémon que te aparezcan serán más poderosos hasta que alcances el nivel 30. Lo primero que le digo a los nuevos jugadores es que se reserven los Huevo Suerte y los Caramelos hasta que hayan conseguido los suficientes como para estar evolucionando Pokémon sin parar durante treinta minutos. El nivel del entrenador es prioritario a cualquier otra cosa si tienes intención de competir en el juego. Si no, si solo quieres ser un jugador casual, entonces disfrútalo. —Godefridus

TABLA DE NIVELES, REQUISITOS, RECOMPENSAS Y OBJETOS NUEVOS

NIVEL	PX NECESARIOS	PX TOTALES	RECOMPENSA	NUEVO
1	0	0		
2	1.000	1.000	15 Poké Balls	
3	2.000	3.000	15 Poké Balls	
4	3.000	6.000	15 Poké Balls	
5	4.000	10.000	10 Pociones, 1 Incienso, 10 Revivir	Elegir un equipo, Gimnasios, Superpoción, Revivir
6	5.000	15.000	15 Poké Balls, 10 Pociones, 10 Revivir, 1 Incubadora	

7	6.000	21.000	15 Poké Balls, 10 Pociones, 10 Revivir, 1 Incienso	
8	7.000	28.000	15 Poké Balls, 10 Pociones, 5 Revivir, 10 Bayas Frambu, 1 Módulo Cebo	Baya Frambu
9	8.000	36.000	15 Poké Balls, 10 Pociones, 5 Revivir, 3 Bayas Frambu, 1 Huevo Suerte	
10	9.000	45.000	15 Poké Balls, 10 Superpociones, 10 Revivir, 10 Bayas Frambu, 1 Incienso, 1 Huevo Suerte, 1 Incubadora, 1 Módulo Cebo	Superpoción
11	10.000	55.000	15 Poké Balls, 10 Superpociones, 3 Revivir, 3 Bayas Frambu	
12	10.000	65.000	20 Super Balls, 10 Superpociones, 3 Revivir, 3 Bayas Frambu	Super Ball
13	10.000	75.000	15 Super Balls, 10 Superpociones, 3 Revivir, 3 Bayas Frambu	
14	10.000	85.000	15 Super Balls, 10 Superpociones, 3 Revivir, 3 Bayas Frambu	
15	15.000	100.000	15 Super Balls, 20 Hiperpociones, 10 Revivir, 10 Bayas Frambu, 1 Incienso, 1 Huevo Suerte, 1 Incubadora, 1 Módulo Cebo	Hiperpoción
16	20.000	120.000	10 Super Balls, 10 Hiperpociones, 5 Revivir, 5 Bayas Frambu	

17	20.000	140.000	10 Super Balls, 10 Hiperpociones, 5 Revivir, 5 Bayas Frambu	
18	20.000	160.000	10 Super Balls, 10 Hiperpociones, 5 Revivir, 5 Bayas Frambu	
19	25.000	185.000	10 Super Balls, 10 Hiperpociones, 5 Revivir, 5 Bayas Frambu	
20	25.000	210.000	20 Ultra Balls, 20 Hiperpociones, 20 Revivir, 20 Bayas Frambu, 2 Inciensos, 2 Huevos Suerte, 2 Incubadoras, 2 Módulos Cebo	Ultra Ball
21	50.000	260.000	10 Ultra Balls, 10 Hiperpociones, 10 Revivir, 10 Bayas Frambu	
22	75.000	335.000	10 Ultra Balls, 10 Hiperpociones, 10 Revivir, 10 Bayas Frambu	
23	100.000	435.000	10 Ultra Balls, 10 Hiperpociones, 10 Revivir, 10 Bayas Frambu	
24	125.000	560.000	10 Ultra Balls, 10 Hiperpociones, 10 Revivir, 10 Bayas Frambu	
25	150.000	710.000	25 Ultra Balls, 20 Pociones Máximas, 15 Revivir, 15 Bayas Frambu, 1 Incienso, 1 Huevo Suerte, 1 Incubadora, 1 Módulo Cebo	Poción Máxima

26	190.000	900.000	10 Ultra Balls, 15 Pociones Máximas, 10 Revivir, 15 Bayas Frambu	
27	200.000	1.100.000	10 Ultra Balls, 15 Pociones Máximas, 10 Revivir, 15 Bayas Frambu	
28	250.000	1.350.000	10 Ultra Balls, 15 Pociones Máximas, 10 Revivir, 15 Bayas Frambu	
29	300.000	1.650.000	10 Ultra Balls, 15 Pociones Máximas, 10 Revivir, 15 Bayas Frambu	
30	350.000	2.000.000	30 Ultra Balls, 20 Pociones Máximas, 20 Revivir Máximo, 20 Bayas Frambu, 3 Inciensos, 3 Huevos Suerte, 3 Incubadoras, 3 Módulos Cebo	Revivir Máximo
31	500.000	2.500.000	¿?	
32	500.000	3.000.000	¿?	
33	750.000	3.750.000	¿?	
34	1.000.000	4.750.000	¿?	
35	1.250.000	6.000.000	¿?	
36	1.500.000	7.500.000	¿?	
37	2.000.000	9.500.000	¿?	
38	2.500.000	12.000.000	¿?	
39	3.000.000	15.000.000	¿?	
40	5.000.000	20.000.000	¿?	

Las recompensas importantes en el nivel 5 corresponden a tu nuevo estatus como miembro de un equipo, por lo que puedes entrenar y combatir en los Gimnasios.

Los mejores premios que recibes en los niveles 20, 25 y 30 corresponden al incremento de PX que necesitas después para subir de nivel. Aunque parezca un regalo genial por tu logro, el juego en realidad te está proporcionando las herramientas más básicas necesarias para avanzar en el juego y no rendirte. En cuanto pases el nivel 20, vas a tener que dedicar mucho tiempo en visitar cebos, eclosionar Huevos, ir a PokéParadas y entrenar tus Pokémon para poder continuar.

¡Sube de nivel más rápido!

1 Atrapa más Pokémon utilizando Incienso, visitando PokéParadas con cebo, o paseando largas distancias.

2 Mantén pulsada la Poké Ball para encoger el tamaño del aro interior antes de lanzarla. Cuanto más pequeño sea, más PX ganarás con cada captura y buen lanzamiento.

3 Captura un Pokémon que no hayas atrapado antes para obtener 100 PX extra.

4 Visita una zona llena de PokéParadas y quédate por allí. Haz uso de todas ellas una y otra vez en los descansos.

5 Atrapa un montón de Pokémon fáciles como Pidgey, Rattata y Weedle y evoluciónalos.

6 Haz uso de la aplicación Yelp para encontrar lugares de descanso que también sean PokéParadas, como bibliotecas o parques, y visita cada una cada vez que se recargue.

7 Usa el Huevo Suerte para duplicar tus PX al evolucionar, eclosionar, capturar y Entrenar.

8 Aprovéchate de los cebos y las PokéParadas para maximizar tus oportunidades de abastecimiento y de capturar más Pokémon. También te dan PX por cada vez que hagas uso de una PokéParada.

9 Visita ciudades, atracciones turísticas, centros comerciales importantes y otras áreas concurridas para empezar a atrapar nuevas especies de Pokémon, para conseguir más provisiones y acumular Puntos de Experiencia rápido.

Cuando estoy cerca de subir de nivel, normalmente busco Pokémon que puedan evolucionar y les aumento los PC hasta el punto de que estén en mi top seis u ocho. —Acop42

10 Incuba Huevos y hazlos eclosionar caminando la distancia requerida. Gana más Incubadoras a medida que subes de nivel para poder incubar más Huevos a la vez, o compra Incubadoras en la app.

11 Mantén la Poké Ball pulsada y dale vueltas antes de lanzarla para obtener PX extra por Bola Curva.

12 Entrena en los Gimnasios amistosos (aquellos que son de tu equipo). Entrenar en Gimnasios amistosos te proporciona más PX sin el riesgo de combatir contra un Gimnasio rival poderoso.

13 Únete a una comunidad online de tu ciudad en Facebook para averiguar dónde los jugadores han encontrado Pokémon raros o para organizar quedadas con gente que conoces y jugar en grupo. Cuantas más personas estén jugando en un mismo sitio, ¡el juego os recompensará con un mejor prospecto de captura!

Usa un Incienso y un Huevo Suerte a la vez. El Incienso te ayudará a capturar más Pokémon y el Huevo Suerte duplica los PX de cada captura, así que funcionan bien juntos. —TennisBrandon

Conforme subes de nivel, el juego se complica. Los Pokémon se vuelven más difíciles de atrapar. Si estás teniendo problemas para atrapar Pokémon de PC alto que tienden a moverse y a mofarse de ti, resiste la tentación de pasarle el teléfono a un amigo para que te lo capture... ¡habrás de mejorar tu habilidad en combate a la vez que subes de nivel!

Al subir de nivel, los Pokémon salvajes que te encuentres serán más poderosos. Si estás en el nivel 24 y estás capturando Pokémon junto a un principiante de nivel 6, ambos os toparéis con un Pidgey en el mismo lugar, pero el tuyo será mucho más poderoso.

Una ventaja añadida por ser un jugador experimentado: es posible que tu amigo primerizo vea que el Pokémon frente a él tiene un aro rojo, señal de que va a ser difícil de atrapar; mientras que el tuyo podría tener solamente el aro naranja y ser mucho más fácil de capturar.

Cómo ganar más PX para subir de nivel más rápido

Para algunas personas, alcanzar el nivel 40 es su meta definitiva. Otros pueden contentarse con rastrear, capturar y coleccionar solamente y no se preocupan por subir de nivel rápido. Si buscas subir de nivel con rapidez, aquí tienes unos cuantos logros que te ayudarán a conseguirlo:

- Evolucionar un Pokémon: 500 PX
- Eclosionar un Huevo: 200 PX
- Visitar una PokéParada: 50 PX
- Capturar un Pokémon nuevo: 500 PX
- Capturar un Pokémon: 100 PX
- Entrenar en un Gimnasio amistoso: varía (véase el capítulo sobre entrenamiento)
- Combatir en un Gimnasio rival: varía (véase el capítulo sobre combates para más información)

Cómo conseguir 30.000 PX en treinta minutos

Paso 1: Captura muchos Pidgeys, captura muchos Weedles y captura muchos Caterpies. Como estos son los tres Pokémon más comunes de encontrar en cualquier sitio y solo requieren 12 Caramelos para evolucionar, son los más fáciles de almacenar. Necesitarás 10 × 12 Caramelos de cada tipo, o 120 Caramelos Pidgey, 120 Caramelos Weedle y 120 Caramelos Caterpie, al igual que 10 Pokémon de cada tipo que vayas a evolucionar. Consigue más caramelos transfiriendo más de 10 Pokémon de ese tipo al Profesor Willow.

Paso 2: Asegúrate de que tienes un Huevo Suerte. ¡Un Huevo Suerte duplicará todos los PX que ganes durante media hora!

Paso 3: Ponte cómodo, activa el Huevo Suerte y empieza a evolucionar a los Pidgeys, Caterpies y Weedles tan rápido como puedas. Cada evolución te proporciona 500 PX (o 1000 PX si nunca antes has evolucionado a ese Pokémon) pero con un Huevo Suerte lo duplicarás a 1000 PX por cada evolución. A una evolución por minuto, ganarás 30.000 PX y subirás por lo menos un nivel hasta llegar al 20, y subirás varios si acabas de empezar a jugar.

10

ENTRENAMIENTO Y TRUCOS EN GIMNASIOS

Si eres un aficionado experimentado de los videojuegos de Pokémon, estás acostumbrado a combatir mientras recorres el mundo haciendo tus cosas. En Pokémon GO, los combates solo suceden en los Gimnasios. Niantic ha dejado entrever que podría añadir un sistema que permitiera a la gente combatir fuera de ellos. Puedes enfrentar a tu Pokémon contra un personaje controlado por ordenador en un combate de 100 segundos de duración.

Aunque podrías jugar al juego y no participar nunca en un Combate de Gimnasio, te estarías perdiendo una gran parte del juego si al menos no pruebas el entrenamiento en ellos. También te estarías perdiendo todas esas cosas que necesitas para subir de nivel, conseguir mejores Pokémon y ganar más recompensas.

Los Combates de Gimnasio se basan en los PS y PC (Puntos de Salud y Puntos de Combate). Los Puntos de Salud de un Pokémon te dicen cuánto daño pueden recibir en un combate. Todos los Pokémon pierden PS cuando los atacan en un combate, y si un Pokémon pierde todos sus PS, se debilitará.

consejo: Saca a un Pokémon

Si ves que tu Pokémon se está quedando sin PS, puedes sacar a otro Pokémon en su lugar utilizando los botones en la parte inferior de la pantalla.

Los Puntos de Combate de un Pokémon te indican lo fuerte que es ese Pokémon en combate. Cada especie de Pokémon tiene unos valores de PC máximos, y aunque la cantidad de PC con los que empieza tu Pokémon cuando lo capturas o eclosionas un huevo aparece por azar, sí que está relacionado con el nivel de Entrenador que tuvieras cuando lo adquiriste. Cada Pokémon tiene sus propios ataques también, y no todos los Pokémon del mismo tipo poseen los mismos.

NOCIONES BÁSICAS SOBRE LOS GIMNASIOS

Los Gimnasios se encuentran en sitios fijos. Normalmente lugares activos como campos de fútbol, gimnasios de verdad, estaciones de bomberos, comisarías, parques públicos y espacios abiertos grandes que promueven la actividad.

También se localizan en puntos de encuentro como monumentos, museos, bibliotecas y obras de arte.

Un Gimnasio conquistado aparecerá en tu mapa con un monumento en la parte superior del mismo junto al Pokémon más poderoso que lo defienda, y el color del equipo que tiene control del Gimnasio.

Un Gimnasio libre aparecerá con la torre de color blanco. Los Gimnasios libres no están controlados actualmente por ningún equipo y pueden ser reclamados por un equipo simplemente colocando un Pokémon allí para defenderlo.

Cuando un Gimnasio aparece en tu mapa, puedes hacer clic en él para verlo más de cerca, aunque no estés lo bastante cerca como para activarlo, siempre y cuando hayas superado el nivel 5 y hayas elegido equipo. Si no estás todavía en uno, te indicarán que vuelvas cuando hayas alcanzado el nivel 5.

Si has alcanzado el nivel 5 pero aún no has escogido equipo, tendrás la oportunidad de hacerlo cuando hagas clic en el Gimnasio.

Hacer clic en un Gimnasio conquistado cuando estés en un equipo abrirá la ventana de ese Gimnasio en tu pantalla. Deslízala hacia los lados para ver tanto qué jugadores han dejado un Pokémon para defender el Gimnasio, como los detalles de cada Pokémon. El Pokémon más poderoso aparecerá primero, marcado con una corona que indica que es el defensor principal, e irán sucediéndose de mayor a menor según su PC.

Si alguien está combatiendo por un Gimnasio, en el Mapa, la torre del mismo aparecerá junto a explosiones y símbolos de lucha.

Lo que ves en la pantalla de cada defensor

1. El nombre (o mote) y la imagen del Pokémon colocado en ese Gimnasio
2. Sus PC
3. El nombre del Entrenador, su avatar y nivel
4. El nivel del Gimnasio, su Prestigio y el nombre
5. Una foto de la ubicación real del Gimnasio

¿Para qué visitar Gimnasios?

- Para ayudarse a escoger un equipo, algunos jugadores echan un vistazo a los Gimnasios de su barrio para ver qué equipo tiene mayor control y cuáles son más débiles en términos de defensa. Dependiendo del tipo de jugador que seas, bien puedes seleccionar el equipo más poderoso o el que necesite más ayuda.

- Haz clic en los Gimnasios de tu zona para ver si tus amigos están defendiendo alguno y seguir su progreso.
- Haz clic en un Gimnasio rival para ver lo altas que son sus defensas. Si tienes Pokémon poderosos en tu Pokédex, puedes enviar uno para combatir e intentar bajar el Prestigio de ese Gimnasio y conquistarlo para tu equipo.
- Haz clic en un Gimnasio controlado por tu equipo para entrenar Pokémon y ayudar a defender el Gimnasio para tu equipo. Entrenar Pokémon te proporciona más PX y aumenta el Prestigio de tu Gimnasio.
- Gana un Gimnasio y mantenlo durante un día entero para ganar Bonus de Defensor, que te conseguirán un montón de PokéMonedas.

ENTRENAMIENTO EN GIMNASIOS

Visita un Gimnasio amistoso para aumentar los Puntos de Prestigio de tu equipo y hacer que sea más difícil perder el control del Gimnasio.

Visita un Gimnasio rival para reducir el Prestigio de los otros equipos y estar más cerca de conquistar el Gimnasio para tu propio equipo.

Visita un Gimnasio neutral para reclamarlo para tu equipo. Deja un Pokémon en él para defenderlo contra los otros.

Cuando entrenas, tu Pokémon más poderoso será seleccionado de tu inventario para combatir contra cada

Pokémon defensor en secuencia. Cada vez que ganas, obtienes 50 PX para ti y más Prestigio para tu equipo.

Para combatir de forma amistosa, haz clic en el Gimnasio para entrar y luego pincha en el guante de boxeo en la esquina inferior derecha. Tu Pokémon con el PC más alto aparecerá automáticamente en la batalla contra cada uno de los Pokémon que defienden el Gimnasio, empezando por el que tenga inferior PC. Continuarás combatiendo hasta que tu Pokémon pierda todos sus PS y se debilite o derrotes a todos los defensores del Gimnasio.

Siempre puedes usar Pociones para restaurar la salud de tu Pokémon más fuerte y dejarlo en un Gimnasio derrotado.

Dejar Pokémon en Gimnasios puede ser complicado, porque no puedes usar ese Pokémon mientras estés defendiendo un Gimnasio. Yo normalmente escojo a mi mejor segundo o tercero. Es importante que elijas Pokémon con pocos puntos débiles o aquellos difíciles de derrotar, como los del tipo Psíquico. Los bichos apenas se ven, mientras que los de tipo Siniestro y Fantasma tienen debilidades que son muy fáciles de explotar. —DroptheSammer

Tras cada combate, comprueba cuál es la salud actual de tu Pokémon. La línea bajo la imagen del Pokémon será azul si está completamente sano, o gris, si necesita cuidados. Ganes o pierdas, habrá perdido PS con total seguridad.

Cuando un Pokémon se debilita en un combate amistoso de Gimnasio, volverá a tu colección con 1 PS y necesitará que lo restaures con una o más Pociones, dependiendo de la cantidad de PS que necesite recuperar.

Cuando un Pokémon se debilita combatiendo contra otro equipo por la conquista de un Gimnasio, perderá todos sus PS y tendrás que revivirlo usando Revivir de tu menú de objetos.

Para restaurar los PS de los Pokémon debilitados, abre el menú principal haciendo clic en la Poké Ball y luego haz clic en Objetos en la parte inferior derecha. Selecciona la Poción en tu inventario para obtener una lista de todos los Pokémon que necesiten curarse. Por cada clic, agotas un espray de Poción que restaura 20 PS. Para curar un Pokémon por completo, podrías tener que usar más de un espray. Un corazón aparecerá junto a tu Pokémon para indicarte que su salud ha sido restaurada.

Si no tienes ningún Pokémon que necesite curarse, el menú de Poción no te mostrará ningún Pokémon. Cierra el menú y dirígete a otro combate o sesión de entrenamiento.

PUNTOS DE PRESTIGIO: QUÉ SON Y CÓMO CONSEGUIR MÁS PARA TU EQUIPO

Cada vez que entrenes en un Gimnasio de tu equipo, ganas Puntos de Prestigio para el Gimnasio. Cuando este alcanza un cierto número de puntos, el Gimnasio sube de nivel y puede tener más defensores. Al tener más defensores, es más complicado que otros equipos conquisten el gimnasio.

Un Gimnasio puede tener hasta diez defensores y un máximo de 50.000 Puntos de Prestigio.

Reclama un Gimnasio

Si tienes la suficiente suerte de encontrar un Gimnasio neutral y colocar un Pokémon propio en él para defenderlo, has reclamado un Gimnasio para tu equipo. Aunque solo puedes dejar un Pokémon en cada Gimnasio para defenderlo, tus amigos y vecinos del mismo equipo pueden añadir su Pokémon para mejorar la defensa del mismo. El Pokémon con el PC superior quedará marcado con una corona roja.

El Gimnasio más inusual que he visto está como a diez metros de la línea del andén 9 en la estación King Cross de Londres. —Acop42

Reta a un Gimnasio

Puedes acercarte a un Gimnasio controlado por otro equipo y luchar por su dominio. Cada combate ganado disminuye el Prestigio del Gimnasio y te pone más cerca de la conquista del mismo para tu equipo. Ten cuidado y permanece dentro del radio del Gimnasio mientras combates o la lucha terminará y no contará.

Cuando retas a un Gimnasio, puedes seleccionar hasta seis de tus propios Pokémon, bien uno a uno o al azar. Si los Pokémon defensores están en un nivel muy alto es recomendable que escojas a los contendientes según el tipo de Pokémon que guarden ese Gimnasio. Tendrás que vencer a todos los Pokémon que defiendan el Gimnasio, comenzando con los que tienen el PC más bajo.

Observa a la competencia deslizando hacia los lados los defensores del Gimnasio antes de escoger a los Pokémon que vas a usar en el combate. Elígelos según su PC y también su tipo. Por ejemplo, si hay Pokémon de fuego protegiendo el Gimnasio, manda a tus Pokémon de agua para derrotarlos. Escoge a tu equipo como si estuvieras eligiendo a un cuerpo de élite (que se complemente en debilidades y puntos fuertes).

Haz clic en GO cuando estés listo para empezar.

Necesitarás combatir bien y derrotar a todos los Pokémon o hacer que pierdan la ronda para poder ganar el Combate de Gimnasio. Ganarle al equipo defensor disminuye el Prestigio del Gimnasio. También te da 50 PX por cada Pokémon que derrotes. Si todos tus Pokémon se debilitan, tendrás que volver al punto de partida, curar a tus Pokémon con Poción o Revivir de tus Objetos.

Cuando derrotes a un Pokémon, tu siguiente combate dará comienzo al instante.

Cuando luches en un Gimnasio rival, si la salud de tu Pokémon está a punto de agotarse, reemplázalo con un nuevo Pokémon. Simplemente pincha en el botón de intercambio en la pantalla del Gimnasio para seleccionar otro de los cinco que has traído contigo al combate, y luego selecciona el que quieres sacar. Esto no es posible en un Gimnasio amistoso, donde solo puedes tener un Pokémon en el combate; aunque si parece que estés luchando un combate perdido, puedes retirarte. Solo tienes que hacer clic en el icono de huida en la esquina de la pantalla para abandonar el combate. Entonces puedes curar a tus Pokémon con Poción y darles más poder para la revancha, o bien encontrar un Gimnasio más adecuado a tu nivel.

Como los Pokémon que defienden el Gimnasio son personajes individuales controlados por un ordenador, tú y tus amigos podéis retar al mismo Gimnasio a la vez para derrotarlo con mayor rapidez.

No tengo una estrategia per se, si tengo tiempo de conquistar un Gimnasio, lo hago, pero si el Gimnasio ya es de mi equipo y hay espacio, siempre aprovecho la oportunidad. —Wcpedorc

Cuando derrotas un Gimnasio, tu equipo no lo conquista automáticamente. Cada victoria sobre un Gimnasio rival disminuye su Prestigio. Cuando este se reduce a cero, el Gimnasio se vuelve neutral y será tu oportunidad para reclamarlo para tu equipo.

Una vez el Gimnasio se torne gris, señal de que es neutral y puede reclamarse, ¡aprovecha la oportunidad para controlarlo para tu equipo! La mayoría de los Gimnasios no permanecen neutrales durante mucho tiempo.

consejo: Para defender tu Gimnasio

Si acabas de conquistar un Gimnasio con un amigo en el mismo equipo y nadie más está cerca, defiéndelo con un Pokémon de PC bajos para que tu amigo pueda derrotarlo fácilmente y así aumentar el Prestigio del Gimnasio.

«Karping», únete al movimiento

El pobre Magikarp ha servido de chiste para los jugadores de Pokémon desde siempre. Este Pokémon es relativamente malo en combate. Hasta su avatar animado lo muestra dando coletazos en el suelo.

Pero los jugadores de Pokémon GO de todo el mundo han estado reconociendo a Magikarp y tras conquistar Gimnasios los dejan a cargo de ellos. Bien sea por hacer la gracia o para burlarse del equipo contrario al que acabas de destronar en nombre de tu equipo, el reinado de Magikarp rara vez perdura, ¡pero será divertido mientras dure!

DEFIENDE TU GIMNASIO

Si hay un hueco libre en un Gimnasio, el icono de Añadir aparecerá (el icono tiene la imagen de un Pokémon con el signo más encima). Haz clic en el icono de Añadir y selecciona tu segundo o tercer mejor Pokémon para dejarlo en el Gimnasio. No escojas tu mejor, porque permanecerá en el Gimnasio hasta que haya sido derrotado y no podrás usarlo en otros combates contra Gimnasios rivales para restarles Puntos de Prestigio o conquistarlos.

Ya reclames un Gimnasio o añadas tu Pokémon a la lista de defensores, el hecho de defender un Gimnasio requiere realmente de más suerte que de habilidad por la simple razón que una vez lo coloques como defensor, la IA (inteligencia artificial) del juego toma posesión de tus ataques cuando se combate contra cualquier contendiente. Aunque pierda la gracia al no combatir realmente cara a cara con otros jugadores, tiene sentido porque puedes colocar hasta 10 Pokémon en Gimnasios distintos a la vez, y no estarás cerca para ver quién reta a tu Pokémon en las próximas veintiuna horas.

Razones por las que podrías estar teniendo problema para dejar tu Pokémon en un Gimnasio

1. No has alcanzado el nivel 5 o no has elegido un equipo todavía. Consigue más PX y vuelve cuando hayas llegado al nivel 5.

2. Tu Pokémon no tiene todos sus PS: un Pokémon debe tener todos sus puntos de salud para poder dejarlo en un Gimnasio. Restaura la salud de tu Pokémon usando Poción o Revivir e inténtalo de nuevo.

3. El Gimnasio ya tiene demasiada gente protegiéndolo. Un Gimnasio solo puede tener un número limitado de defensores. El número está basado en el nivel de Prestigio de ese Gimnasio. Para aumentar los Puntos de Prestigio, ten combates amistosos contra tus compañeros de equipo en un Gimnasio. Cuando el Gimnasio suba de nivel, podrás añadir tu Pokémon con PS máximos y unirte a la alineación defensora.

consejo: Cómo colocar Pokémon en un Gimnasio

Si colocas un Pokémon, también puedes colocar otros en otros Gimnasios para incrementar tus Bonus de Defensor.

Gana Bonus de Defensor

Cuando dejas un Pokémon defendiendo un Gimnasio, tienes la posibilidad de ganar PokéMonedas (la divisa que se usa en la tienda) y Polvoestelares, que puedes usar para fortalecer a tu Pokémon. Si tu Pokémon no ha sido derrotado y permanece en un Gimnasio durante veintiuna horas, recibes un Bonus de Defensor.

Para reclamar tu Bonus de Defensor, visita la tienda y haz clic en el icono de Escudo en la esquina superior derecha. Cuando lo reclames, recibirás 500 Polvoestelares y 10 PokéMonedas. Si tu equipo pierde el control del Gimnasio, el temporizador no se reseteará; todavía tendrás oportunidad de recuperar el Gimnasio para obtener tu bonus.

CONSEJO: Asegúrate de reclamar tus Bonus en cuanto estén disponibles. El reloj no se reseteará para empezar las siguientes veintiuna horas hasta que lo hayas hecho.

Los Bonus de Defensor son el único modo de conseguir PokéMonedas sin pagar por ellas.

Los mejores consejos de Godefridus para Gimnasios

Godefridus es un jugador de Pokémon GO en el nivel 25, que no es solo un enorme fan de Pokémon, sino que también es un veterano jugador de los videojuegos de Pokémon. «He sido fan de Pokémon desde el principio, aunque sus juegos se hayan vuelto un poco repetitivos», dice. «Me alegro de que por fin hayan encontrado un nuevo concepto. Dedico entre cuatro y cinco horas al día para subir de nivel y jugar. Solía jugar solo, pero he conocido a unos cuantos amigos nuevos mientras jugaba y ahora nos juntamos todos los días».

- Busca áreas que no estén concurridas (por ejemplo en Garwood, New Jersey [población 4.300], tuve el control de un Gimnasio durante cinco días).
- La mejor hora para conquistar un Gimnasio es bien temprano por la mañana o muy tarde, pasadas las 2 de la madrugada, porque hay menos probabilidad de perder el control de esos Gimnasios inmediatamente después de hacerte con ellos.
- Si es posible, busca amigos en el mismo equipo que tú para derrotar Gimnasios o para entrenar en Gimnasios aliados juntos (te ahorra mucho tiempo).

- Desafortunadamente, no hay muchos jugadores en el Equipo Instinto, así que tengo que derrotar muchos Gimnasios solo. Aunque no es difícil, sí puede ser muy tedioso. Me puede llevar hasta treinta minutos derrotar un Gimnasio de nivel alto yo solo.

- Normalmente es mejor poner tu segundo Pokémon más fuerte en cada Gimnasio que conquistes, hasta que llegues al último, que es donde colocas al más fuerte.

- Si vas en grupo, al menos uno de vosotros debería poner un Pokémon medianamente débil para que sea más fácil para todos subir el Prestigio de un Gimnasio.

- Cuando ataques un Gimnasio, si los Pokémon defensores tienen un PC muy inferior al de los tuyos, simplemente pulsa la pantalla rápidamente y no te molestes en esquivar. Eso sí, usa tu segundo ataque cuando lo veas conveniente.

- Si tu oponente tiene una defensa increíblemente fuerte, intenta esquivar grandes ataques cuando sea posible.

11

LUGARES DE BATALLA

EL ARTE DE LA GUERRA: CÓMO LUCHAR CONTRA UN POKÉMON EN UN COMBATE DE GIMNASIO

La mecánica es bastante simple, y normalmente implica algo más que pulsar rápido la pantalla y deslizar el Pokémon para atacar y esquivar los ataques de tu oponente.

Ataques Normales: Golpea la pantalla tan rápido como puedas para usar el Ataque Normal de tu Pokémon.

Ataques Especiales: Cuando la barra azul bajo tu Pokémon se llene, puedes lanzar un Ataque Especial manteniendo pulsada la pantalla.

consejo

Presta atención a tu medidor de ataque. Observa cuándo se cargue y espera para lanzar el ataque. Se recarga a un quinto por segundo, así que debería recargarse cada cinco segundos.

Esquivar: Deslizar el dedo por la pantalla inmediatamente después del flash amarillo de la animación de un combate podrá ayudarte a esquivar un ataque. Un mensaje aparecerá sobre la cabeza de tu oponente antes de que este use su Ataque Especial, así que estate preparado para deslizar el dedo y esquivarlo para evitar el daño.

CONOCE LOS ATAQUES DE TUS POKÉMON

Cuando haces clic en un Pokémon en tu menú, desliza hacia abajo la pantalla para ver sus movimientos de combate especiales. El primer movimiento que encuentras es su Ataque Normal, que lanzas cuando tocas la pantalla repetidamente. El segundo es su Ataque Especial. Las líneas junto al Ataque Especial representan la cantidad del medidor de ataque que se usa en un único ataque, lo que significa que puedes usar el Ataque Especial más veces entre recarga y recarga. Una única línea larga indica que el Ataque Especial es más poderoso pero también lleva más tiempo que se cargue, y es importante recordar que el Ataque Especial solo se puede usar cuando el medidor de ataque esté cargado. Cuando usas el Ataque Especial, hay un periodo de pausa donde tu Pokémon necesita recargarse y no puede atacar, así que al usar el Ataque Especial dejará a tu Pokémon desprotegido durante un momento. Por otro lado, si tu oponente usa su Ataque Especial, está en igualdad de condiciones y podrás golpearlo rápido mientras se recarga.

Cuando mires los Ataques Normales y Especiales de un Pokémon en su página de menú, te darás cuenta de que esta es otra forma de que Pokémon de la misma especie sean muy diferentes los unos de los otros.

EJEMPLOS

Puedes tener un Eevee con un Ataque Rápido Normal que reste 10 PS y Excavar como Ataque Especial que reste 70, y puedes tener al mismo tiempo otro Eevee con el mismo Ataque Normal, pero con Golpe Cuerpo como Especial y que reste únicamente 40 PS.

Un Krabby de 76PC puede tener Burbuja como Ataque Normal con un daño de 25, e Hidropulso como Especial con un daño de 35 con 4 usos por carga, pero tu Krabby de 154PC, con casi el doble de PC, golpea a un oponente con un Disparo lodo con solo 6 de daño y Agarre como Especial con 25 de daño con 5 usos por carga.

Elige al Pokémon adecuado

Al estar todo relativamente igualado, los Pokémon con mayor PC *deberían* ganar, pero ahí es donde entra el saber elegir los combates y desarrollar una estrategia.

ELIGE SEGÚN TIPO

Si estás al día en las estrategias de combate gracias a los otros videojuegos, sabrás que hay un orden circular de operaciones según las debilidades y los puntos fuertes de los Pokémon muy similar al piedra-papel-tijeras: El papel cubre a la piedra, la piedra destroza a las tijeras, las tijeras cortan el papel.

En Pokémon, el fuego vence a las plantas, las plantas vencen al agua, y el agua vence al fuego. Eso significa que un Pokémon de tipo Agua hará más daño a otro de tipo Fuego y menos a los de tipo Planta. Pero con dieciocho tipos, se complica un poco más la cosa. Cuando estés preparado para conquistar un Gimnasio, estudia a la competencia haciendo clic en el Gimnasio y pasando por toda la lista de defensores y fíjate en el tipo de cada Pokémon. Luego échale un vistazo a la tabla más abajo para ver qué Pokémon te vendrá mejor —y peor— contra tus oponentes. Una vez sepas a lo que te enfrentas, selecciona a los mejores Pokémon para cada ronda y forma tu propio equipo SWAT. Para tus primeros combates, sirve de ayuda apuntar qué Pokémon vas a usar contra qué oponente, o al menos poner los Pokémon en orden y así estarás preparado en el calor de la batalla.

Cuando selecciones a tus Pokémon, fíjate en el tipo de ataques que tienen. La mayoría de los ataques Pokémon son afines a su tipo: los Pokémon de tipo Agua normalmente poseen ataques de agua. No obstante, no todos los ataques van de acuerdo a su tipo. El Gastly, por ejemplo, que acabo de atrapar escribiendo esta frase, tiene un Ataque Normal Siniestro y un Ataque Especial Siniestro. De igual forma, puedes conseguir un Krabby con Disparo lodo o Burbuja, así que fíjate en el tipo del ataque igual que en el del Pokémon para elegir la mejor combinación, especialmente cuando luchas contra otros Pokémon de 1000PC o más.

Para cada tipo de Pokémon enumerado abajo, la primera línea indica contra qué otro tipo sus ataques son efectivos. La segunda línea señala los tipos que pueden vencerlos

Acero

Pokémon de tipo Acero en Pokémon GO: Magnemite y Magneton

1. Vence a: Hada, Hielo, Roca, Acero
2. Son débiles contra: Eléctrico, Fuego, Acero, Agua

Agua

Pokémon de tipo Agua en Pokémon GO: Blastoise, Cloyster, Dewgong, Goldeen, Golduck, Gyarados, Horsea, Kabuto, Kabutops, Kingler, Krabby, Lapras, Magikarp, Omanyte, Omastar, Poliwag, Poliwhirl, Poliwrath, Psyduck, Seadra, Seaking, Seel, Shellder, Slowbro, Slowpoke, Squirtle, Starmie, Staryu, Tentacool, Tentacruel, Vaporeon y Wartortle

1. Vence a: Fuego, Tierra, Roca
2. Es débil contra: Eléctrico, Planta

Bicho

Pokémon de tipo Bicho en Pokémon GO: Beedrill, Butterfree, Caterpie, Kakuna, Metapod, Paras, Parasect, Pinsir, Scyther, Venomoth, Venonat y Weedle

1. Vence a: Planta, Psíquico, Siniestro
2. Es débil contra: Fuego, Volador, Roca

Dragón

Pokémon de tipo Dragón en Pokémon GO: Dragonair, Dragonite y Dratini

1. Vence a: Dragón
2. Es débil contra: Hielo, Dragón, Hada

Eléctrico

Pokémon de tipo Eléctrico en Pokémon GO: Electabuzz, Electrode, Jolteon, Magnemite, Magneton, Pikachu, Raichu, Voltorb y Zapdos

1. Vence a: Agua, Volador
2. Es débil contra: Tierra

Fantasma

Pokémon de tipo Fantasma en Pokémon GO: Gastly, Gengar y Haunter

1. Vence a: Psíquico, Fantasma
2. Es débil contra: Fantasma, Siniestro

Fuego

Pokémon de tipo Fuego en Pokémon GO: Arcanine, Charizard, Charmander, Charmeleon, Flareon, Growlithe, Magmar, Ninetales, Ponyta, Rapidash y Vulpix

1. Vence a: Acero, Bicho, Hielo, Planta
2. Es débil contra: Roca, Agua, Tierra

Hada

Pokémon de tipo Hada en Pokémon GO: Clefable, Clefairy, Jigglypuff, Mr. Mime y Wigglytuff

1. Vence a: Lucha, Dragón, Siniestro
2. Es débil contra: Veneno, Acero

Hielo

Pokémon de tipo Hielo en Pokémon GO: Articuno, Cloyster, Dewgong, Jynx y Lapras

1. Vence a: Planta, Tierra, Volador, Dragón
2. Es débil contra: Fuego, Lucha, Roca, Acero

Lucha

Pokémon de tipo Lucha en Pokémon GO: Hitmonchan, Hitmonlee, Machamp, Machoke, Machop, Mankey, Poliwrath y Primeape

1. Vence a: Normal, Hielo, Roca, Siniestro, Acero
2. Es débil contra: Volador, Psíquico, Hada

Normal

Pokémon de tipo Normal en Pokémon GO: Chansey, Ditto, Dodrio, Doduo, Eevee, Farfetch'd, Fearow, Jigglypuff, Kangaskhan, Lickitung, Meowth, Persian, Pidgeot, Pidgeotto, Pidgey, Porygon, Raticate, Rattata, Snorlax, Spearow, Tauros y Wigglytuff

1. Vence a: Ninguno
2. Es débil contra: Lucha

Planta

Pokémon de tipo Planta en Pokémon GO: Bellsprout, Bulbasaur, Exeggcute, Exeggutor, Gloom, Ivysaur, Oddish, Paras, Parasect, Tangela, Venusaur, Victreebel, Vileplume y Weepinbell

1. Vence a: Agua, Tierra, Roca
2. Es débil contra: Fuego, Hielo, Veneno, Volador, Bicho

Psíquico

Pokémon de tipo Psíquico en Pokémon GO: Abra, Alakazam, Drowzee, Exeggcute, Exeggutor, Hypno, Jynx, Kadabra, Mr. Mime, Slowbro y Slowpoke

1. Vence a: Lucha, Veneno
2. Es débil contra: Bicho, Fantasma, Siniestro

Roca

Pokémon de tipo Roca en Pokémon GO: Aerodactyl, Geodude, Golem, Graveler, Kabuto, Kabutops, Omanyte, Omastar, Onix, Rhydon y Rhyhorn

1. Vence a: Fuego, Hielo, Volador, Bicho
2. Es débil contra: Agua, Planta, Lucha, Tierra, Acero

Siniestro

Pokémon de tipo Siniestro en Pokémon GO: Ninguno

1. Vence a: Psíquico, Fantasma
2. Es débil contra: Lucha, Bicho, Hada

Tierra

Pokémon de tipo Tierra en Pokémon GO: Cubone, Diglett, Dugtrio, Geodude, Golem, Graveler, Marowak, Nidoking, Nidoqueen, Onix, Rhydon, Rhyhorn, Sandshrew y Sandslash

1. Vence a: Fuego, Eléctrico, Veneno, Roca, Acero
2. Es débil contra: Agua, Planta, Hielo

Veneno

Pokémon de tipo Veneno en Pokémon GO: Arbok, Beedrill, Bellsprout, Bulbasaur, Ekans, Gastly, Gengar, Gloom, Golbat, Grimer, Haunter, Ivysaur, Kakuna, Koffing, Muk, Nidoking, Nidoqueen, Nidoran (Hembra), Nidoran (Macho), Nidorina, Nidorino, Oddish, Tentacool, Tentacruel, Venomoth, Venonat, Venusaur, Victreebel, Vileplume, Weedle, Weepinbell, Weezing y Zubat

1. Vence a: Planta, Hada
2. Es débil contra: Tierra, Psíquico

Volador

Pokémon de tipo Volador en Pokémon GO: Aerodactyl, Articuno, Butterfree, Charizard, Dodrio, Doduo, Dragonite, Farfetch'd, Fearow, Golbat, Gyarados, Molstres, Pidgeot, Pidgeotto, Pidgey, Scyther, Spearow, Zapdos y Zubat

1. Vence a: Planta, Lucha, Bicho
2. Es débil contra: Eléctrico, Hielo, Roca

12

OCÚPATE DE TUS POKÉMON

Conoce a tus Pokémon

¿Te has fijado que no todos los Pokémon de la misma especie son exactamente iguales? Cuando haces clic en el menú principal y seleccionas el icono de Pokémon en la izquierda, abrirás tu inventario Pokémon. Haz clic en un Pokémon para saber más de lo que le hace especial.

Arriba del todo, verás el PC (o Puntos de Combate) de tu Pokémon. Estos puntos pueden incrementarse con Polvoestelares y Caramelos para fortalecer a tu Pokémon y hacerlo un mejor luchador. El PC máximo posible de tus Pokémon aumentará a medida que subas de nivel como Entrenador. Si le das poder a tu Pokémon hasta su límite máximo, cuando subas de nivel, volverás a poder seguir dándole más poder. Cuando empieces a darle más poder a tus Pokémon, solo te hará falta un Caramelo y una pequeña cantidad de Polvoestelares, pero para conseguir un gran poder, tendrás que pagar más; te harán falta más Caramelos y Polvoestelares para dar Más Poder a tu Pokémon en niveles superiores.

Debajo del encantador rctrato animado de tu Pokémon, encontrarás su nombre, y más abajo aún, sus PS o Puntos de Salud. Tu Pokémon tendrá máximos PS (52/52 significa 52 de 52 posibles, por ejemplo) si nunca lo has usado para entrenar, luchar o defender un Gimnasio.

La siguiente línea te indica sus datos: tipo (por ejemplo, si tienes un Clefairy, el tipo sería Hada), peso y altura. Al igual que cualquier ser que encuentres en la calle —incluso personas— algunos Pokémon son de un tamaño medio, otros son más grandes, y otros, más pequeños. En términos de combate, poder, o actuación, que tu Pokémon tenga junto a la altura o peso un XS o XL no significa nada. Es simplemente una forma de diferenciar un Pokémon de otro de la misma especie. Hay incluso algunos logros —Joven y Pescador, para ser exactos— que se consiguen atrapando versiones XS de Rattata y Magikarp.

La siguiente línea te ofrece la opción de Más Poder y Evolucionar, donde puedes fortalecer a tu Pokémon y prepararlo para la batalla o evolucionarlo a su forma siguiente y más poderosa. Los botones estarán en verde cuando seas capaz de activarlos y puedas fortalecer a tu Pokémon, o en gris si necesitas conseguir más recursos.

La línea de Más Poder indica cuántos Polvoestelares y Caramelos necesitas para incrementar el PC de tu Pokémon.

Como se ha mencionado anteriormente, el máximo PC disponible para cada especie de Pokémon aumenta a medida que subes de nivel como Entrenador, así que aunque llegues al máximo de poder de un Pokémon estando al nivel 8, serás capaz de fortalecerlo todavía más adelante cuando el límite máximo de PC para ese Pokémon haya aumentado.

Puntos de Salud: Cómo curar y revivir a tu Pokémon para seguir combatiendo

Tras cada combate, haz clic en tu Pokémon en el menú principal y observa cuál es su nivel de salud. Con total seguridad, estará un poco debilitado aunque hayas ganado el combate. Cada golpe resta un poco de salud de tu Pokémon. Cuanto más poderoso sea el oponente, más poderoso será su ataque y más salud le restará.

Si tu Pokémon se debilita en un combate amistoso en un Gimnasio que controle tu equipo, volverá a tu Pokédex con 1PS, aunque los haya perdido todos en el combate.

Cómo curar a tu Pokémon

1. Haz clic en la Poké Ball para abrir el menú principal.

2. Haz clic en la mochila o en el icono de «Bolsa» para ver tus objetos.

3. Si tu Pokémon tiene 1 o más PS, selecciona el icono de Poción.

4. Selecciona el Pokémon que deseas curar. Ten en cuenta que solo los Pokémon dañados aparecerán en la lista. No puedes curar a un Pokémon que tiene todos sus Puntos de Salud.

5. Una Poción restaurará 20PS de tu Pokémon. La mayoría de Pokémon que mandas a combatir tienen más PS iniciales y necesitarán más de una Poción para curarlos por completo.

6. Si tu Pokémon tiene 0PS, tendrás que revivirlo. Selecciona Revivir del menú.

7

El Revivir devolverá tu Pokémon a la vida, pero tendrás que administrarle una o más dosis de Poción para curarlo por completo.

consejo: Recoge pociones

¿Te has quedado sin Pociones y Revivir? Guau... ¡debes de combatir mucho! Súbete a la bici o sal de paseo por una zona llena de PokéParadas y quédate por allí el tiempo suficiente como para recoger las Pociones y Revivir que necesites. No te preocupes, tus Pokémon esperarán pacientemente hasta que tengas lo que necesites para restaurarlos. Recuerda que en niveles superiores también puedes conseguir Super, Hiper y Máximas Pociones.

Todo lo que necesitas saber sobre los PC y PS

Antes de alcanzar el nivel 5, no te preocupas mucho sobre los datos o poder de los Pokémon de tu colección. Pero cada Pokémon tiene su propia estadística de poder y entra en juego cuando empiezas a entrenar y a combatir por el control de los Gimnasios. Algunas estadísticas son comunes para todos los Pokémon de un cierto tipo. Otras son específicas para cada Pokémon que tengas en tu colección. A medida que vayas subiendo de nivel en el juego, te encontrarás con Pokémon más poderosos.

Una gran diferencia entre Pokémon GO y otros juegos de Pokémon es que en Pokémon GO, los Pokémon no ganan experiencia mediante combates. En cambio, tú eres el que les das más poder usando Polvoestelares y Caramelos.

Ya hemos explicado cómo los Caramelos pueden ayudar a que tu Pokémon evolucione y se vuelva más fuerte.

También puedes aumentar el poder de tu Pokémon de varias formas.

Cómo aumentar los PC de tu Pokémon.

Si eres un jugador Pokémon experimentado desde antes de Pokémon GO (¿hay alguien que se acuerde de cómo era la vida antes del juego?), podrías estar preguntándote dónde están todos los datos complejos que determinan la fuerza de tu Pokémon contra otro en un combate. Aunque haya una jerarquía piedra-papel-tijeras, como has leído antes, donde las plantas vencen al agua, el agua vence al fuego, etc., el único dato que importa DE VERDAD cuando estás combatiendo contra un Gimnasio de nivel 10, y con entrenadores de Vaporeon muy poderosos, son los PC o Puntos de Combate. Cuando atrapes, eclosiones o evoluciones a un Pokémon, obtienes una pantalla con su estado como luchador. La barra de PC te indica los puntos de combate máximos que ese Pokémon puede llegar a tener en el nivel actual en el que estés como Entrenador, y el número de PC te dice lo cerca que estás de maximizar el verdadero potencial de tu Pokémon en ese momento. Date cuenta de que a medida que subes de nivel, el potencial de tu Pokémon también lo hace, así que podrá alcanzar nuevos máximos a la vez que te vuelves mejor en lo que haces.

consejo: Cuándo subir de nivel

No malgastes Polvoestelares y Caramelos para subir de nivel a los Pokémon cuando estás en un nivel de Entrenador bajo. Por debajo del nivel 15, subir de nivel no marcará mucha diferencia porque los PC de tu Pokémon se maximizan poco. En cambio, dales poder a tus Pokémon evolucionados, que empiezan con un potencial y total de PC superior.

Lo que necesitas saber sobre los Polvoestelares

Necesitarás Polvoestelares para darle más poder a tu Pokémon, pero no son muy difíciles de encontrar. Cada vez que captures un nuevo tipo de Pokémon, cada vez que hagas eclosionar un huevo, cada vez que ganes un Bonus de Defensor en un Gimnasio, y cada vez que captures Pokémon en general, ganas Polvoestelares. Te darás cuenta de que al comenzar el juego, te harás con una buena cantidad de Polvoestelares, pero no caigas en la tentación de gastarlos solo porque los tengas. Como ya se ha mencionado antes, dar poder antes del nivel 15 es prácticamente inútil.

En niveles superiores, dar más poder a tus Pokémon también te costará más Polvoestelares (estás compitiendo contra los pesos pesados en los niveles altos), así que sé inteligente y guárdatelos hasta que tengas que subir de nivel a un Pokémon que ya sea poderoso.

Cómo dar más poder a tu Pokémon

1 Haz clic en la Poké Ball para abrir el menú principal.

2 Haz clic en el icono de Pokémon.

3 Selecciona el Pokémon que quieres fortalecer.

4 Selecciona Más Poder.

Si el botón de Más Poder está en gris, o bien no tienes suficientes Polvoestelares, o te hacen falta más Caramelos para poder fortalecer a tu Pokémon. Mira los números que aparecen junto al botón de Más Poder para ver cuántos necesitas y compáralos con los números sobre el botón de Más Poder, que indican cuántos tienes.

5 Mira los datos de tu Pokémon para ver cuánto poder ha ganado y si merece la pena fortalecer a otro Pokémon estando en tu nivel o si es mejor esperar hasta que hayas alcanzado un nivel superior.

APENDICE A

POKÉDEX COMPLETA DE POKÉMON GO

Esta es la lista completa de los Pokémon que puedes atrapar en Pokémon GO cuando el juego se lanzó.

No todos los Pokémon están disponibles en todos los lugares. Los Pokémon regionales como Mr. Mime, Tauros, Farfetch'd y Kangaskhan solo pueden atraparse en ciertas localizaciones, pero pueden obtenerse a través de Huevos en todo el mundo.

1.	Bulbasaur (Planta / Veneno)
2.	Ivysaur (Planta / Veneno)
3.	Venusaur (Planta / Veneno)
4.	Charmander (Fuego)
5.	Charmeleon (Fuego)
6.	Charizard (Fuego / Volador)

7.	Squirtle (Agua)
8.	Wartortle (Agua)
9.	Blastoise (Agua)
10.	Caterpie (Bicho)
11.	Metapod (Bicho)
12.	Butterfree (Bicho / Volador)
13.	Weedle (Bicho / Veneno)
14.	Kakuna (Bicho / Veneno)
15.	Beedrill (Bicho / Veneno)
16.	Pidgey (Normal / Volador)
17.	Pidgeotto (Normal / Volador)
18.	Pidgeot (Normal / Volador)
19.	Rattata (Normal)
20.	Raticate (Normal)
21.	Spearow (Normal / Volador)
22.	Fearow (Normal / Volador)
23.	Ekans (Veneno)
24.	Arbok (Veneno)
25.	Pikachu (Eléctrico)
26.	Raichu (Eléctrico)
27.	Sandshrew (Tierra)
28.	Sandslash (Tierra)
29.	Nidoran (Hembra) (Veneno)
30.	Nidorina (Veneno)
31.	Nidoqueen (Veneno / Tierra)
32.	Nidoran (Macho) (Veneno)

33. Nidorino (Veneno)
34. Nidoking (Veneno / Tierra)
35. Clefairy (Hada)
36. Clefable (Hada)
37. Vulpix (Fuego)
38. Ninetales (Fuego)
39. Jigglypuff (Normal / Hada)
40. Wigglytuff (Normal / Hada)
41. Zubat (Veneno / Volador)
42. Golbat (Veneno / Volador)
43. Oddish (Planta / Veneno)
44. Gloom (Planta / Veneno)
45. Vileplume (Planta / Veneno)
46. Paras (Bicho / Planta)
47. Parasect (Bicho / Planta)
48. Venonat (Bicho / Veneno)
49. Venomoth (Bicho / Veneno)
50. Diglett (Tierra)
51. Dugtrio (Tierra)
52. Meowth (Normal)
53. Persian (Normal)
54. Psyduck (Agua)
55. Golduck (Agua)
56. Mankey (Lucha)
57. Primape (Lucha)
58. Growlithe (Fuego)

59. Arcanine (Fuego)
60. Poliwag (Agua)
61. Poliwhirl (Agua)
62. Poliwrath (Agua / Lucha)
63. Abra (Psíquico)
64. Kadabra (Psíquico)
65. Alakazam (Psíquico)
66. Machop (Lucha)
67. Machoke (Lucha)
68. Machamp (Lucha)
69. Bellsprout (Planta / Veneno)
70. Weepinbell (Planta / Veneno)
71. Victreebel (Planta / Veneno)
72. Tentacool (Agua / Veneno)
73. Tentacruel (Agua / Veneno)
74. Geodude (Roca / Tierra)
75. Graveler (Roca / Tierra)
76. Golem (Roca / Tierra)
77. Ponyta (Fuego)
78. Rapidash (Fuego)
79. Slowpoke (Agua / Psíquico)
80. Slowbro (Agua / Psíquico)
81. Magnemite (Eléctrico / Acero)
82. Magneton (Eléctrico / Acero)
83. Farfetch'd (Normal / Volador)
84. Doduo (Normal / Volador)

85. Dodrio (Normal / Volador)
86. Seel (Agua)
87. Dewgong (Agua / Hielo)
88. Grimer (Veneno)
89. Muk (Veneno)
90. Shellder (Agua)
91. Cloyster (Agua / Hielo)
92. Gastly (Fantasma / Veneno)
93. Haunter (Fantasma / Veneno)
94. Gengar (Fantasma / Veneno)
95. Onix (Roca / Tierra)
96. Drowzee (Psíquico)
97. Hypno (Psíquico)
98. Krabby (Agua)
99. Kingler (Agua)
100. Voltorb (Eléctrico)
101. Electrode (Eléctrico)
102. Exeggcute (Planta / Psíquico)
103. Exeggutor (Planta / Psíquico)
104. Cubone (Tierra)
105. Marowak (Tierra)
106. Hitmonlee (Lucha)
107. Hitmonchan (Lucha)
108. Lickitung (Normal)
109. Koffing (Veneno)
110. Weezing (Veneno)

111. Rhyhorn (Tierra / Roca)
112. Rhydon (Tierra / Roca)
113. Chansey (Normal)
114. Tangela (Planta)
115. Kangaskhan (Normal)
116. Horesa (Agua)
117. Seadra (Agua)
118. Goldeen (Agua)
119. Seaking (Agua)
120. Staryu (Agua)
121. Starmie (Agua / Psíquico)
122. Mr. Mime (Psíquico / Hada)
123. Scyther (Bicho / Volador)
124. Jynx (Hielo / Psíquico)
125. Electabuzz (Eléctrico)
126. Magmar (Fuego)
127. Pinsir (Bicho)
128. Tauros (Normal)
129. Magikarp (Agua)
130. Gyarados (Agua / Volador)
131. Lapras (Agua / Hielo)
132. Ditto (Normal)—NO ESTÁ EN EL JUEGO
133. Eevee (Normal)

134. Vaporeon (Agua)
135. Jolteon (Eléctrico)
136. Flareon (Fuego)
137. Porygon (Normal)
138. Omanyte (Roca / Agua)
139. Omastar (Roca / Agua)
140. Kobuto (Roca / Agua)
141. Kabutops (Roca / Agua)
142. Aerodactyl (Roca / Volador)
143. Snorlax (Normal)
144. Articuno (Hielo / Volador) —NO ESTÁ EN EL JUEGO
145. Zapdos (Eléctrico / Volador) —NO ESTÁ EN EL JUEGO
146. Moltres (Fuego / Volador) —NO ESTÁ EN EL JUEGO
147. Dratini (Dragón)
148. Dragonair (Dragón)
149. Dragonite (Dragón / Volador)
150. Mewtwo (Psíquico)—NO ESTÁ EN EL JUEGO
151. Mew (Psíquico)—NO ESTÁ EN EL JUEGO

APENDICE B

LA HISTORIA DE POKÉMON (EL JUEGO TRAS LA APP)

¿Pokébichos?

Todo empezó con una fascinación por los bichos desde la infancia. De niño, el hobby de Satoshi Tajiri era cazar bichos e insectos. Cuando creció, también lo hizo su idea. ¿Y si creaba un juego basado en atrapar y clasificar monstruos al igual que se cazaban y se clasificaban los bichos? Se creó el juego Capsule Monsters (en español, Monstruos Encapsulados) y casi nació. No se trató de un proceso fácil lanzar esta nueva idea. Satoshi Tajiri presentó esta idea junto a Ken Sugimori y su compañía Game Freak a Nintendo en varias ocasiones pero fue rechazada.

No fue hasta que Satoshi colaboró con Shigeru Miyamoto, el fundador de las dos franquicias más grandes de Nintendo, Super Mario y The Legend of Zelda, que Nintendo decidió por fin financiar el proyecto. Debido a problemas imprevistos con la marca, tuvieron que cambiar el nombre del proyecto de Capsule Monsters a Pocket Monsters (Monstruos de Bolsillo), o Pokémon.

Pero incluso entonces no fue un camino fácil. El juego necesitaba un montón de modificaciones para que funcionara adecuadamente, lo cual casi conduce a Game Freak a la bancarrota. Todos los cambios conllevaron tiempo y dinero, y eso ocasionó problemas más graves para Game Freak. Pero creían en la idea, así que perseveraron hasta que consiguieron lanzar los primeros juegos de Pokémon (Rojo y Verde) el 27 de febrero de 1996, para la videoconsola Game Boy de Nintendo.

Pokémon no tuvo un éxito grandísimo al principio. Las ventas de los juegos comenzaron lentas, pero fue ganando nombre a medida que el boca a boca repetía lo divertido que era atrapar, entrenar e intercambiar estos personajes. En Japón, la popularidad continuó con el lanzamiento de la serie manga, la primera bajo el título de Pokémon Pocket Monsters de Kosaku Anakubo. Esto llevó a otra serie manga y finalmente al anime en los años restantes de la década de 1990.

Esta emoción llevó, entonces, al lanzamiento del Juego de Cartas Coleccionables (Pokémon Trading Card Game, en inglés) en 1996, desarrollado por la compañía Media Factory. Ahora los jugadores podían jugar e interactuar los unos con los otros en la vida real en vez de jugar contra personajes controlados por ordenador en la Game Boy. Inicialmente había 102 cartas en 1996. ¡Actualmente, la Pokédex ya va por 721!

#1 en la Pokédex es Bulbasaur, del tipo Planta/Veneno

#721 es Volcanion, un Pokémon legendario de tipo Fuego/Agua

El nacimiento de Pikachu

Luego se convirtió en un fenómeno mundial y desencadenó el lanzamiento de Pokémon Amarillo, donde se introducía el mundo de Pikachu. A la vez que Nintendo desarrollaba nuevos sistemas de juego —ambos portátiles y consolas—, los Pokémon siempre iban de la mano con ellos. El juego de la Nintendo 64 de reconocimiento de voz llamado «Hey you, Pikachu!» permitía que la gente interactuara con este nuevo popular personaje. En 1999, Game Boy Color lanzó el Pokémon Pinball. Incluso lanzaron un juego de carreras llamado Pokémon Dash para la Nintendo DS a finales del 2004 en Japón, que llegó a las calles de Estados Unidos en marzo de 2005.

En 2006, con el décimo aniversario de Pokémon, se lanzó el juego de figuras coleccionables. Aunque se distribuyó inicialmente en Europa, en el sudeste de Asia y en Australia en 2006, no llegó a Estados Unidos y Japón hasta un poco más tarde, en 2007.

Los *spin-offs* se han extendido mucho más allá de los videojuegos y juegos de cartas a películas, vídeos y series animadas, eso sin mencionar peluches, ropa, disfraces y torneos dedicados exclusivamente a todo lo que tenga que ver con Pokémon (lee la historia del campeón de videojuegos Godefridus más abajo). La primera película, titulada *Pokémon: La película: Mewtwo Vs. Mew*, se estrenó en Japón el 18 de julio de 1998 y luego se estrenó en Estados Unidos como un especial de televisión subtitulado. Desde la primera película, se han lanzado incontables nuevas cintas basadas en la serie original de Pokémon, en la serie Generación Avanzada, Diamante y Perla; y en la serie Blanco y Negro y XY.

Junto con las películas de Pokémon, la serie de dibujos animados también ha alcanzado un éxito brutal, y aún sigue. La serie de dibujos animados se retransmite en setenta y cuatro países y se encuentra disponible en Netflix. La serie se centra en Ash Ketchum, un Entrenador Pokémon de Pueblo Paleta, cuyo objetivo principal es convertirse en un maestro Pokémon. La serie está basada en los juegos de Pokémon, aunque tiene sus propias pinceladas y tramas.

LA CRONOLOGÍA POKÉMON

1996 Se lanzaron los juegos Pokémon Rojo y Verde en Japón

1998 Los juegos Pokémon Rojo y Azul llegan a Estados Unidos con 151 Pokémon originales

1998 La serie de dibujos animados se estrena

2011 Los jugadores tuvieron que trabajar duro para «hacerse con todos» con 649 Pokémon para atrapar

2016 A fecha de julio de 2016, 718 Pokémon llenan la Pokédex. La serie de dibujos animados sigue transmitiéndose. Y las versiones clásicas de Pokémon Rojo y Azul están disponibles para Nintendo DS por su vigésimo aniversario*

El 6 de julio de 2016, se lanzó Pokémon GO

* http://bulbapedia.bulbagarden.net/wiki/Pok%C3%A9mon_GO

De entrenador casual a maestro Pokémon: la historia de Godefridus

Veía la serie de animación de pequeño en la tele. Era una de las pocas series que veía entonces porque no teníamos televisión por cable. También recuerdo coleccionar un montón de cartas de Pokémon, pero nunca entendí cómo se jugaba con ellas; ni siquiera ahora. Nunca tuve una Game Boy, así que tuve que ver cómo mis amigos jugaban a todos los primeros juegos de Pokémon y recuerdo la envidia que sentía. También parecía divertido.

No tuve mi primer juego de Pokémon hasta que el Pokémon Rubí salió para Game Boy Advance. Como era mi primer juego, jugaba en él de forma religiosa. Le dediqué más de 300 horas de juego (y no exagero) y aprendí todo lo que había que saber sobre los Pokémon, incluso la genética y los puntos de esfuerzo.

Al final pasé a otros juegos de Pokémon, incluso de las generaciones que me había perdido. Quería vacilar frente a mis compañeros de clase y aprovecharme del conocimiento que obtuve del juego y ser invencible en combates. Más tarde averigüé que había simuladores de combate en Internet para Pokémon y que tenían rankings y todo.

Pokémon en japonés es la contracción de Pocket Monsters; ¡Literalmente monstruos que caben en el bolsillo!

Empecé a estudiar cada Pokémon y cómo funcionaban de un modo competitivo y aprendí incluso más cosas. Todos los niveles, todos los movimientos, e incluso combinaciones de equipos. Cuando le di una oportunidad a la página, me di cuenta de lo bueno que era realmente. Para combatir en Internet hace falta algo más que Pokémon fuertes. Hace falta tener una mente táctica y ser más inteligente que tus oponentes. A mí siempre me han gustado los juegos así. Al final, después de mucha investigación, desarrollé un truco para crear equipos imbatibles de Pokémon y empecé a participar en torneos. Me lo pasé genial, pero llega a un punto en que se vuelve repetitivo, así que me retiré.

GLOSARIO

Baya Frambu
Hace que los Pokémon salvajes sean más fáciles de atrapar cuando se los lanzas

Bonus de Defensor
Una recompensa diaria de Polvoestelares y PokéMonedas por defender un Gimnasio que se puede reclamar en la tienda

Caramelo
Se usan para evolucionar Pokémon y para fortalecerlos. Se pueden adquirir al capturar Pokémon, al eclosionar Huevos y al transferir Pokémon al Profesor Willow

Combate
Cuando un jugador llega a un Gimnasio, ese jugador puede elegir Pokémon de diferente tipo para combatir contra los Pokémon de ese Gimnasio. En un Gimnasio amistoso, puedes entrenar Pokémon con combates. En Gimnasios rivales, cada victoria sobre un Pokémon rival reduce el Prestigio del Gimnasio y puede bajar el nivel del mismo; reduce el Prestigio del Gimnasio a cero para conquistarlo para tu equipo

Entrenador
Un jugador de Pokémon GO

Entrenamiento
En Gimnasios amistosos, puedes combatir con los Pokémon asignados en ese Gimnasio por otros miembros de tu equipo para aumentar su PX y el Prestigio del Gimnasio

Evolución
El proceso de usar Caramelos para cambiar un Pokémon a su forma evolucionada y de mayor nivel

Gimnasios
Ubicaciones donde puedes combatir contra los Pokémon de equipos rivales, o entrenar a tu Pokémon combatiendo con los Pokémon allí dejados por tu propio equipo

—Gimnasios amistosos son aquellos pertenecientes a tu equipo

—Gimnasios rivales son aquellos conquistados por los otros equipos

—Los Gimnasios abiertos no han sido reclamados por ningún equipo

Huevos
Objetos que se pueden encontrar en PokéParadas que eclosionarán en un Pokémon después de haber caminado una distancia específica mientras se encuentran en una Incubadora

Huevo Suerte
Se usa para duplicar la cantidad de PX que ganas en un cierto tiempo

Incienso
Atrae a Pokémon salvajes a tu ubicación con su fragancia

Incubadora
Contiene un Huevo, donde eclosionará y nacerá un Pokémon al caminar

Insignias
Se ganan por diversos logros

Más Poder
Para aumentar los PC y PS de tu Pokémon al usar Polvoestelares y Caramelos

Módulo Cebo
Atrae a Pokémon salvajes a una PokéParada por un tiempo limitado

Pociones
Se usan para curar Pokémon y restaurar sus PS (Puntos de Salud)

Poké Balls
Objetos usados para capturar Pokémon salvajes; se pueden encontrar en PokéParadas y se compran en la tienda

Super Balls, Ultra Balls y Master Balls son versiones de alto rendimiento que tienen más fuerza para atrapar a un Pokémon salvaje

PokéMonedas
Divisa que los Entrenadores pueden intercambiar por objetos Premium en la tienda; también se pueden comprar en la tienda

Pokédex
Todas las especies de Pokémon que un jugador ha capturado están aquí, junto con la información pertinente de cada uno.

Pokémon debilitado
Un Pokémon se debilita cuando tiene cero PS; debe revivirse con Revivir o Revivir Máximo

Pokémon salvaje
Pokémon que no han sido capturados

PokéParadas
Ubicaciones donde los jugadores pueden conseguir Poké Balls, Pociones y Huevos. Cambian de forma cuando un jugador se acerca a ellas y pueden interactuar contigo cuando las tocas y giras la imagen para obtener objetos

Polvoestelares
Se adquieren atrapando Pokémon, eclosionando Huevos y ganando Bonus de Defensor; se usan para dar más poder a los Pokémon.

Prestigio
Medida del progreso de un Gimnasio; se gana cuando los Pokémon entrenan en el Gimnasio, y aumentarlo implica la subida de nivel del mismo.

Puntos de Combate (PC)
La medida de la fuerza del ataque de un Pokémon, que determina lo bueno que será en combate.

Puntos de Experiencia (PX)
Cómo se mide tu avance, y lo que tienes que aumentar para poder subir de nivel de Entrenador

Puntos de Salud (PS)
La medida de la salud de un Pokémon; cuando es cero, el Pokémon se debilita y debes usar un Revivir o Revivir Máximo para revivirlo